よくわかる 中小企業の継ぎ方、売り方、たたみ方

松村正哲（弁護士）編著
髙野総合会計事務所 著
荒井邦彦（株式会社ストライク代表取締役）著

ウェッジ

◇──はじめに

「息子が跡を継いでくれるけど、会社の株や資産はどうやって承継させるのが一番いいんだろうか。相続税も心配だ」

「もう俺も年だし、そろそろ引退したいけど、子供たちは跡を継ぐ気はないようだ。誰かに会社を継いでもらいたいけど、どうやって探せばいいのかな」

「頑張ってここまで会社を経営してきたが、赤字が続くばかりでこのままではジリ貧だ。傷が浅いうちに会社をたたみたい」

この本は、このような中小企業の社長のお悩みにお答えするために執筆されました。

中小企業の社長の高齢化が進んでいます。また、産業構造の転換により、苦しい経営を強いられている中小企業も多くあります。このような状況下で、中小企業の事業承継、M&A、廃業を進めていくことが社会の重要課題になっています。

しかし、中小企業が直面しているこのような問題を全て網羅し、かつ専門家が執筆した本は今までありませんでした。企業経営者の事業承継は会計士・税理士、M&Aは仲介会社、廃業・倒産は弁護士と、各分野の専門家が異なるため、1人の執筆者で全てを網羅するのが難しいからであると思われます。

そこで、**本書では、各分野において専門知識と多数の実績を有するエキスパートが集結して、執筆を分担することとしました。**「第2章　会社の相続で揉めないために」は、企業経営者の事業承継に強い髙野総合会計事務所、「第3章　M&Aを活用した親族外への事業承継」は中小・中堅企業のM&A仲介に強い株式会社ストライクの代表取締役社長である荒井邦彦氏、そして「第1章　会社経営からの卒業——事業承継、M&A、廃業」、「第4章　会社を前向きに廃業する」、「第5章　最終手段としての倒産手続」は、事業再生・倒産を専門分野の1つとする弁護士である私が執筆しております。

本書は、中小企業が抱える多くの問題点について、単なるノウハウの羅列にとどまらず、これ1冊で全てがわかる本として、専門的な知識を網羅的に分かりやすくご説明しております。したがいまして、お悩みを抱える中小企業の経営者の皆様だけでなく、そういった**経営者の皆様を支援する金融機関のご担当者、士業の先生方、コンサルタントの方々にも是非お読みいただき、実務に役立てていただけましたら幸いです。**

弁護士　松村正哲

目次

第5章◆最終手段としての倒産手続

第１章

会社経営からの卒業
――事業承継、M&A、廃業

1　経営者の高齢化で、事業承継、廃業が待ったなし！

▼1　日本社会の高齢化率が25・1％に上昇

日本社会の人口構成において少子高齢化がますます進んでいます。中小企業の経営においても、その影響が押し寄せています。

内閣府の公表によれば、我が国の総人口は、2013年10月1日現在、1億2730万人となりました。

そのうち、65歳以上の高齢者人口は、過去最高の3190万人（前年3079万人）で、その総人口に占める割合（高齢化率）は、過去最高の25・1％（前年は24・1％）となっています。これを細かくみると、

・「65〜74歳人口」は1630万人で、総人口に占める割合は12・8％
・「75歳以上人口」は1560万人、総人口に占める割合は12・3％となっています。

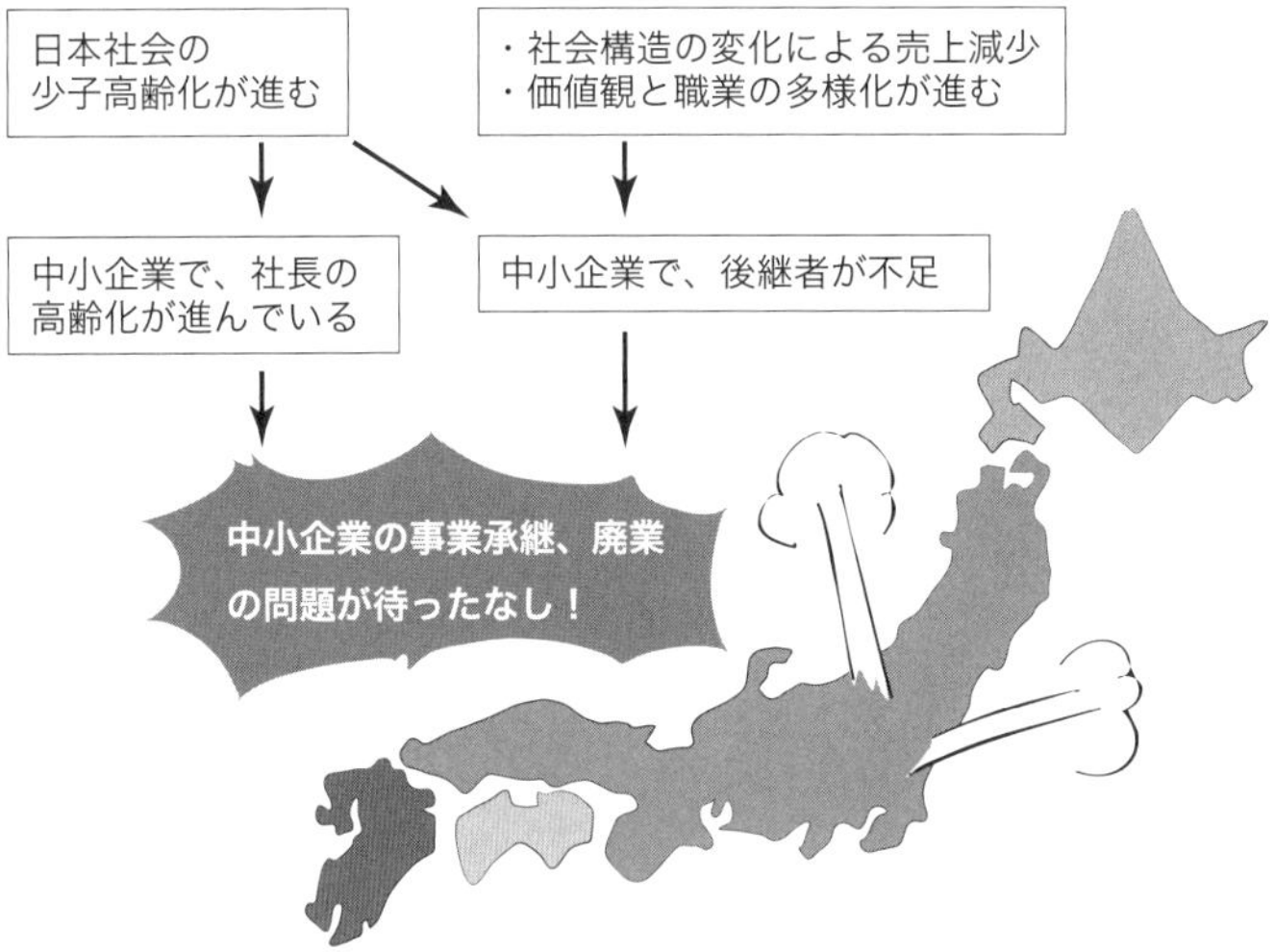

事業承継問題

また、「15～64歳人口」（生産年齢人口）は7901万人と減少しており、32年ぶりに8000万人を下回りました。

▼２ 中小企業で、社長の高齢化が進んでいる

このような日本社会の高齢化の進行と連動して、社長の平均年齢も、この20年以上一貫して上昇し続けており、2013年には平均58・9歳と過去最高を更新しました。

また、社長交代率（過去1年の間に社長の交代があった企業の比率）については、1994年に、4・06%に低下し、

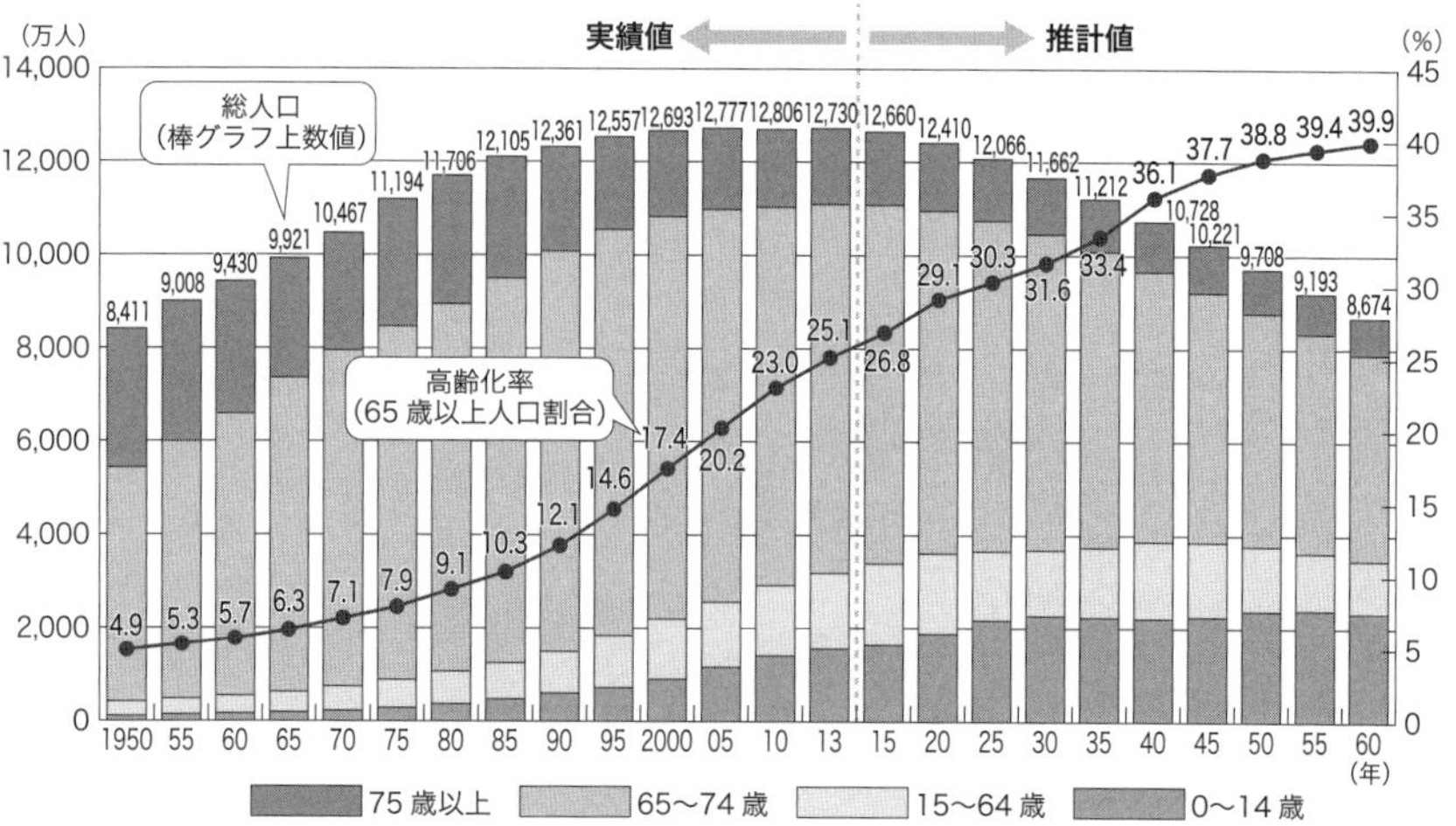

資料：2010年までは総務省「国勢調査」、2013年は総務省「人口推計」(2013年10月1日現在)、2015年以降は国立社会保障・人口問題研究所
「日本の将来推計人口(2012年1月推計)」の出生中位・死亡中位仮定による推計結果
(注) 1950年～2010年の総数は年齢不詳を含む。高齢化率の算出には分母から年齢不詳を除いている。

高齢化の推移と将来推計

(出所：平成26〔2014〕年度版内閣府高齢社会白書)

その後も低水準が続いています。

そして、全企業の中でも、特に中小企業の社長の高齢化が著しく進んでいます。資本金規模別の代表者の平均年齢の推移を見ると、資本金10億円以上の大規模な会社においては、この15年間で、さほど社長の高齢化は進んでいません。これらの会社においては、社長の平均年齢は、１９９７〜２００９年までは63歳前後で、ほぼ横ばいであり、２０１１年に初めて64歳になったという状況です。

これと比較して、資本金１０００万円未満の小規模な会社においては、社長の高齢化が年々じわじわと進んでいます。

これらの会社においては、１９９７年においては社長の平均年齢は55・05歳でしたが、それ以降２００７年まで上昇し続け、２００７年には58・00歳にまで達しています。その後２０１０年に57・11歳まで下がり、２０１１年は横ばいとなっています。

大企業においては、組織が複雑重厚であり、もともと社長に就任するまでに長期間を要するので、社長就任の時点で既に高齢であることが通常と考えられます。そのため、従来から、社長の平均年齢が高いものと推測されます。

他方で、中小企業においては、若手経営者による起業や、組織が単純ということがあり、

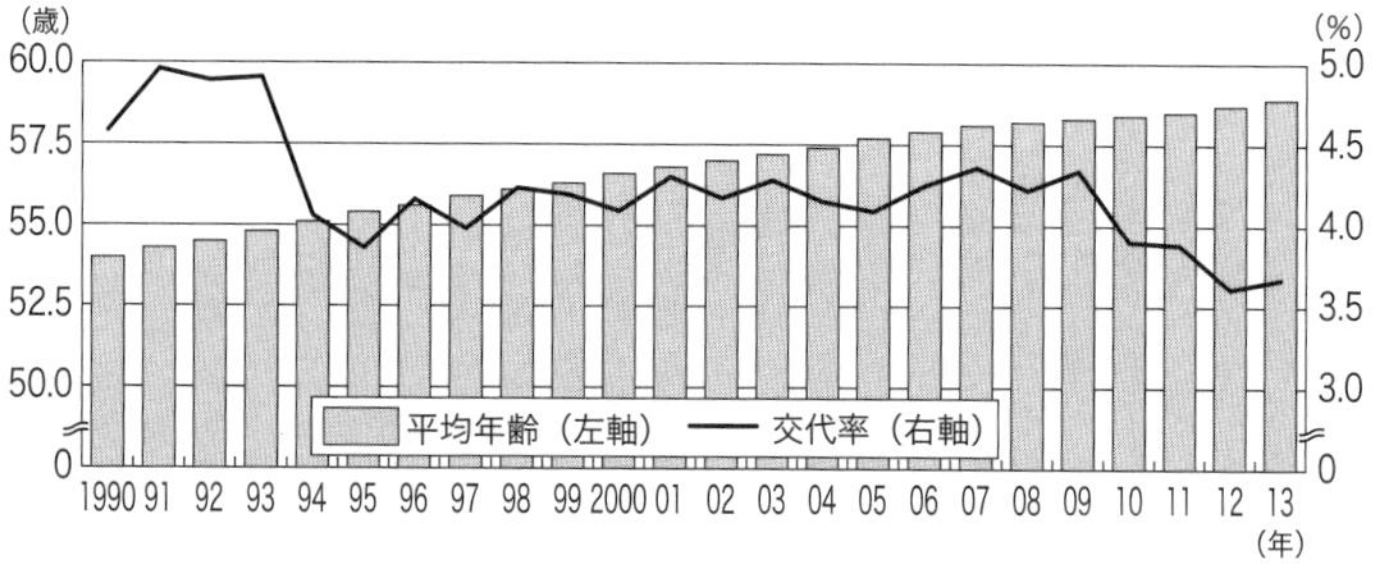

年	1990	91	92	93	94	95	96	97	98	99	2000	01
交代率（%）	4.58	4.96	4.89	4.91	4.06	3.86	4.16	3.98	4.23	4.19	4.09	4.30
平均年齢（歳）	54.0	54.3	54.5	54.8	55.1	55.4	55.6	55.9	56.1	56.3	56.6	56.8

年	2002	03	04	05	06	07	08	09	10	11	12	13
交代率（%）	4.17	4.28	4.15	4.09	4.25	4.36	4.22	4.34	3.90	3.88	3.61	3.67
平均年齢（歳）	57.0	57.2	57.4	57.7	57.9	58.1	58.2	58.3	58.4	58.5	58.7	58.9

社長の平均年齢と交代率の推移

（出所：帝国データバンク　2014　全国社長分析）

＊小数点以下の単位は「カ月」

	1997年	1998年	1999年	2000年	2001年	2002年	2003年	2004年	2005年	2006年	2007年	2008年	2009年	2010年	2011年
1000万円未満	55.05	55.08	55.11	56.02	56.06	56.08	56.11	57.04	57.08	57.11	58.00	58.00	58.00	57.11	57.11
5000万円未満	56.08	57.00	57.03	57.06	57.09	58.00	58.03	58.06	58.09	59.00	59.02	59.04	59.07	59.10	60.01
1億円未満	58.05	58.06	58.07	58.08	58.08	58.09	58.09	58.11	58.11	58.11	58.10	58.11	58.11	59.04	59.07
5億円未満	60.01	60.01	60.03	60.00	59.08	59.06	59.06	59.08	59.08	59.08	59.07	59.08	59.10	60.06	60.11
10億円未満	62.04	62.05	62.06	62.00	61.09	61.10	62.00	62.03	62.05	62.05	62.07	62.11	63.00	63.09	64.01
10億円以上	63.03	63.04	63.04	63.02	62.11	62.10	62.11	63.00	62.11	63.00	63.00	63.03	63.01	63.09	64.00
全社長平均	56.08	56.11	57.02	57.06	57.09	57.11	58.02	58.06	58.09	59.00	59.02	59.04	59.05	59.07	59.09

社長の平均年齢の推移（資本金別、1997～2011年）

（出所：帝国データバンク　全国社長分析）

もともと比較的若年で社長に就任するケースが多く、社長の平均年齢が低いと推測されます。

しかし、それが年々じわじわと高齢化の一途をたどっています。

▼３　売上の少ない企業ほど後継者が不在

社長の高齢化が進む中で、社長の後継者が不在の企業はどの程度あるのでしょうか。

まず企業全体をみると、全体のほぼ３分の２にあたる65・４％の企業において、後継者不在となっています。

そして、これを社長の年代別にみると、社長が60歳代で会社員であればもう定年間近という年代の企業においても、53・９％と半数以上もの高い割合で後継者が不在です。

そして、70歳代においても42・６％が後継者不在であり、更に80歳以上でも34・２％が後継者不在という結果になっています。

また、これを企業の売上規模別にみると、売上１億円未満の小規模な企業において後継者不在率が76・６％、１～10億円未満の中小企業で67・７％と高い割合になっています。

	企業数	構成比	構成比（2011年調査）
後継者あり	98,388	34.6%	34.1%
後継者不在	186,024	65.4%	65.9%
計	284,412	100%	100%

後継者の決定状況（全国・全業種）

（出所：帝国データ　後継者問題に関する企業の実態調査）

社長年齢別	後継者あり（企業数）	後継者不在（企業数）	後継者不在率（%）	後継者不在率（2011年調査）（%）
30歳未満	25	329	92.9	88.8
30歳代	1,120	10,899	90.7	89.6
40歳代	6,338	44,103	87.4	85.9
50歳代	17,736	51,205	74.3	72.9
60歳代	40,710	47,661	53.9	54.5
70歳代	20,611	15,324	42.6	42.7
80歳以上	4,373	2,277	34.2	34.1

社長年齢別

（出所：帝国データ　後継者問題に関する企業の実態調査）

売上規模別	後継者あり（企業数）	後継者不在（企業数）	後継者不在率（%）	後継者不在率（2011年調査）（%）
1億円未満	11,107	36,421	76.6	76.3
1～10億円未満	50,824	106,382	67.7	66.5
10～100億円未満	29,044	38,500	57.0	55.5
100～1000億円未満	6,288	4,331	40.8	40.5
1000億円以上	1,125	390	25.7	29.3
計	98,388	186,024	65.4	65.9

売上規模別

（出所：帝国データ　後継者問題に関する企業の実態調査）

他方で、売上100~1000億円未満の企業で40・8%、1000億円以上の大企業で25・7%と相当低い割合になっています。

これらのデータからは、中小企業、殊に小規模な企業において、社長の後継者を確保することが困難な状況となっており、その結果として社長の高齢化が進んでいることが分かります。

従来であれば、このような中小企業の多くは、家業として、社長からその跡取りである子供へと承継されていました。

しかし、少子化で社長の跡取り候補が不足しています。他方で、社会構造の変化により、中小企業は売上減少の危機にさらされています。また、社会の価値観、職業選択の多様化により、社長の跡取り候補に人生の選択肢が増えたことによって、跡取りが必ずしも会社を承継せず、後継者が不足して社長交代が進んでいないと考えられます。

▼4　小さい企業ほど、自分の代での廃業を考えている

企業規模別での現経営者の事業継続の意思についての調査結果があります。

これによると、中規模企業の場合、「事業を何らかの形で他者に引き継ぎたい」と考えている割合は63・5％です。一方で、「自分の代で廃業することもやむを得ない」と考えている割合は5・4％にとどまっています。

他方、小規模事業者の場合、「事業を何らかの形で他者に引き継ぎたい」と考えている割合が42・7％にとどまっています。一方で、「自分の代で廃業することもやむを得ない」と考えている割合は実に21・7％にも上ります。

小規模事業者の経営者は、中規模企業と比べて、自分の代での廃業を検討する割合が圧倒的に多いのです。

中規模事業者と比較すると、小規模事業者は、事業の収益性が高くなく、事業の将来性が低いため、事業の承継者を探すのが困難になっていると考えられます。また、反対の見方をすれば、事業の収益性が低いため、結果として小規模事業にとどまっているというこ

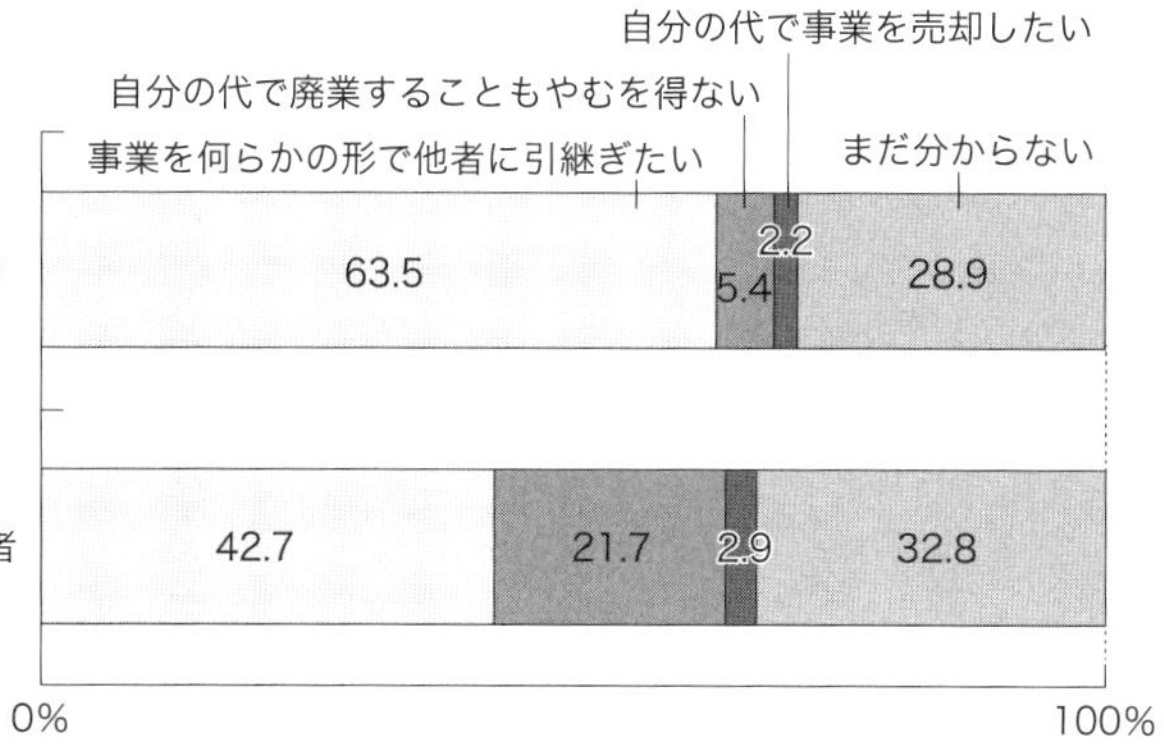

現経営者の事業継続の意思
（出所：中小企業白書 2014）

ともいえるでしょう。

このような事情から、小規模事業者においては、社長が交代せずに、じわじわと高齢化しているのです。

▼５　中小企業の事業承継、廃業が社会の課題に

以上、いろいろなデータを紹介してきましたが、これらのデータはいずれも、中小企業の社長が年を取り高齢化する一方で、後継者が不足して、社長の交代が円滑になされていないことを表しています。

中小企業の社長にとって、事業を跡取りや第三者に承継するのか、または自分の代で事

業をやめて廃業するのか、という判断が待ったなしの状況になっています。中小企業の事業承継や廃業が、社会全体にとって重要な課題となっています。

2 業績不振の会社は、事業再生 or 転廃業へ

1 金融円滑化法の施行

金融円滑化法（正式名称は、「中小企業者等に対する金融の円滑化を図るための臨時措置に関する法律」）は、2009年12月4日に施行され、2013年3月末日に期限が到来して失効しました。

2008年秋のリーマンショックにより景気が低迷し、中小企業の資金繰りが悪化しました。そのため、中小企業への貸し渋り、貸しはがしを抑制して、中小企業の資金繰りを支援することを主な目的として制定された法律です。

中小企業等が金融機関に弁済の負担の軽減を申し入れたときは、できるかぎり返済条件

転廃業が待ったなし

の変更等を行うよう、金融機関の努力義務が定められました。

また、金融機関には、金融機関の責務を遂行するための体制整備や、貸付条件の変更等の実施状況についての当局への報告が求められました。

▼２　金融円滑化法による借入金の支払猶予（リスケ）

金融円滑化法は、貸付条件の変更等について、あくまで金融機関の努力義務を定めたものにすぎません。したがって、たとえ事業者からの申込みがあったとしても、金融機関には返済条件の変更を行う法的な義務まではありませんでした。

しかし、中小企業救済という政府の意向を踏まえて金融庁から金融機関に対する強い指導がなされたため、実際は、申込み案件の大半について、借入金の支払猶予（Rescheduleリスケジュール、一般に「リスケ」と言われます）がなされて貸出条件の変更が行われました。金融機関にとっても、債務免除は極めてハードルが高く実行は困難ですが、支払猶予であれば比較的受け入れやすいという事情がありました。

当初、同法は、２０１１年3月末までの約1年4カ月の時限立法として制定されました。しかし、当初の期限を迎えても中小企業の業況・資金繰りは依然として厳しい状態にあったことから、2度にわたって1年ずつ期限が延長され、２０１３年3月末をもって再々延長はされることなく失効しました。

▼3　貸付条件の変更等は、約４０７万件

金融庁の公表によれば、金融円滑化法による中小企業についての貸付条件の変更等の施行状況については、２０１３年3月末までの間に、累積で４３６万９９６２件の申込みが

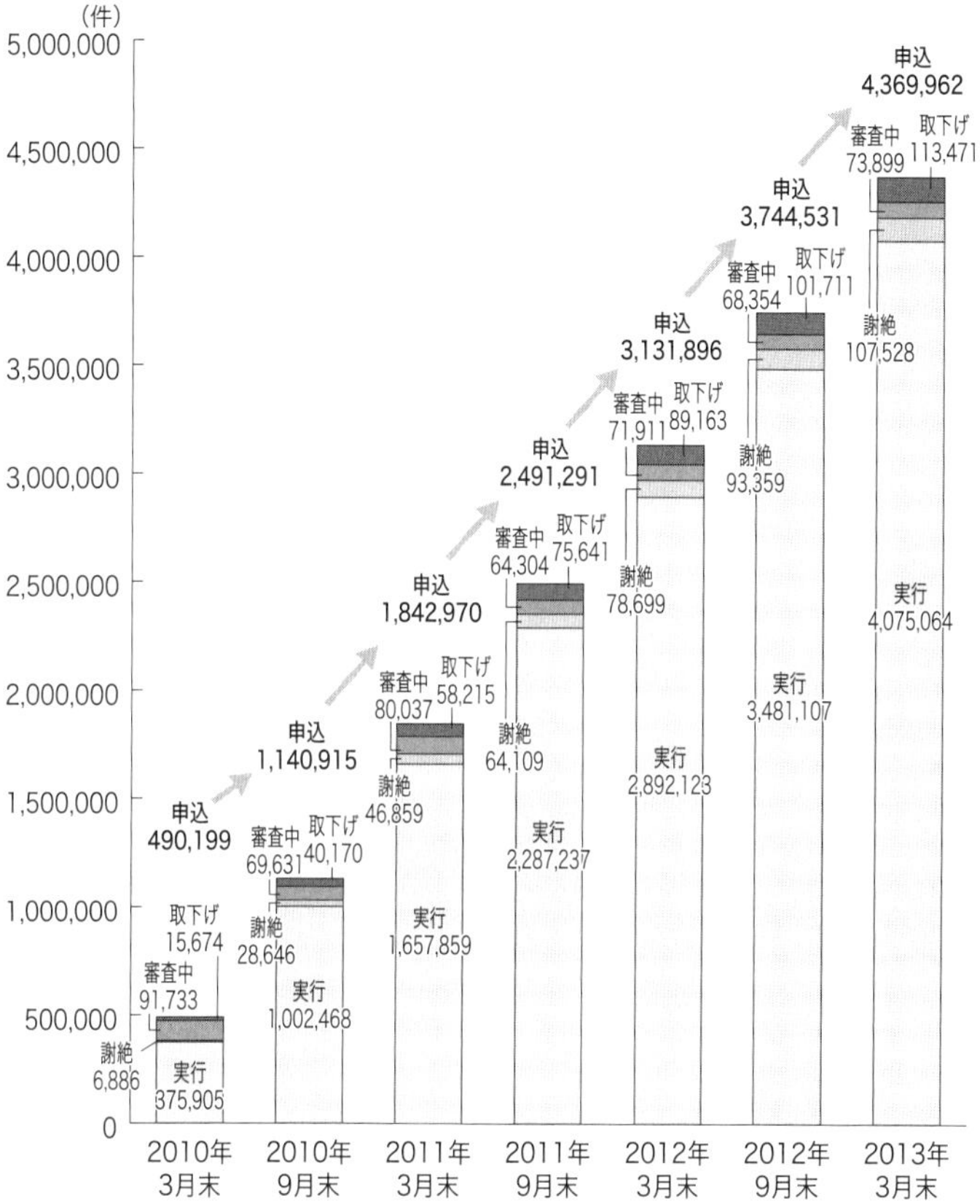

各期末までの申込み件数（累計）およびその処理の状況

（出所：金融庁の資料を元にウェッジ作成）

	申込み (A)	実行 (B)	謝絶 (C)	審査中	取下げ	実行率① (%) (B)/[(B)+(C)]	実行率② (%) (B)/(A)
主要行等 (10) *1	574,173 (297,114)	531,029 (278,326)	14,399 (7,531)	15,395 (6,448)	13,350 (4,807)	97.4	92.5
地域銀行 (106) *2	1,980,676 (556,659)	1,842,601 (524,062)	51,014 (13,157)	33,293 (8,899)	53,768 (10,539)	97.3	93.0
その他の銀行 (26) *3	32,737 (4,694)	27,493 (3,531)	2,683 (981)	574 (38)	1,987 (142)	91.1	84.0
信用金庫 (271) *4	1,484,790 (276,453)	1,391,778 (260,186)	34,206 (6,162)	21,576 (4,089)	37,230 (6,010)	97.6	93.7
信用組合 (158) *5	230,048 (46,491)	217,484 (43,836)	4,039 (963)	2,577 (691)	5,948 (998)	98.2	94.5
労働金庫 (14) *6	4 (5)	4 (5)	0 (0)	0 (0)	0 (0)	100.0	100.0
信農連・ 信漁連(66) *7	9,788 (7,780)	9,345 (7,478)	117 (99)	171 (79)	155 (120)	98.8	95.5
農協・漁協 (858)	57,746 (6,804)	55,330 (6,066)	1,070 (309)	313 (119)	1,033 (305)	98.1	95.8
合計 (1509)	4,369,962 (1,196,000)	4,075,064 (1,123,490)	107,528 (29,202)	73,899 (20,363)	113,471 (22,921)	97.4	93.3

*1　主要行等とは、みずほ銀行、みずほコーポレート銀行、みずほ信託銀行、三菱東京ＵＦＪ銀行、三菱ＵＦＪ信託銀行、三井住友銀行、りそな銀行、三井住友信託銀行、新生銀行、あおぞら銀行をいう

*2　地域銀行とは、地方銀行、第二地方銀行及び埼玉りそな銀行をいう

*3　その他の銀行とは、主要行等・地域銀行を除く国内銀行をいう。ただし、2012 年 9 月 10 日に解散した日本振興銀行の計数を含む

*4　信金中央金庫の計数を含む

*5　全国信用協同組合連合会の計数を含む

*6　労働金庫連合会の計数を含む

*7　信農連、信漁連はそれぞれ信用農業共同組合連合会、信用漁業共同組合連合会の略。農林中央金庫の計数を含む

*8　記載金額は、億円未満を切り捨てて表示

*9　左端の欄中の括弧内は、2013 年 3 月末時点の金融機関数

*10　件数は、貸付債権ベース

金融機関の業態別

（出所：金融庁の資料を元にウェッジ作成）

あり、そのうち407万5064件について変更が行われています。申込み件数に占める貸付条件の変更等の実行率は、実に93・3％もの高い割合に上っています。

また金融機関別にみると、主要行等の申込み件数が57万4173件、実行件数が53万1029件であるのに対して、地域銀行の申込み件数が198万676件、実行件数が184万2601件、信用金庫の申込み件数が148万4790件、実行件数が139万1778件となっています。返済猶予の要請が、地域金融機関に対して多くなされていることがわかります。

4　利用企業のうち、事業再生・転廃業が必要なのは5万〜6万社

これらの申込み件数等は、貸付条件の変更等を申し込んだ企業数をそのまま意味するものではなく、中小企業から各金融機関に対する個別の申込みの件数をそのまま累積したものです。1社が複数の金融機関に申し込んでいるケースや、再変更の申込みをしているケースもあり、企業数としては重複しています。

そのため、金融円滑化法を利用した実際の中小企業者数は、金融庁によれば、30万〜

40万社とされています。経済産業省の集計によれば、中小企業、小規模事業者は約400万者程度存在するとされておりますので、中小企業の約1割が金融円滑化法を利用して支払猶予を受けたことになります。

また、そのうち特に事業再生・転廃業が必要な事業者は5万～6万社とされています。

▼5 金融円滑化法は「平成の徳政令」?

金融円滑化法の施行により、確かに、企業の倒産件数は目に見えて減少しました。

金融円滑化法が施行されたのは、2009年12月4日ですが、その前後の全国の倒産企業の推移を見てみましょう。

2005年が直近10年ではボトムで、8225件となっています。それ以降徐々に年を追うごとに件数が増加し、リーマンショックの翌年の2009年が1万3306件でピークとなっています。そして、金融円滑化法施行の翌年である2010年から倒産件数が減少に転じ、その後毎年徐々に件数が減少して、2013年には1万332件まで減少しています。

年	件数	前年比（%）
2004	9,053	▲ 10.0
2005	8,225	▲ 9.1
2006	9,351	13.7
2007	10,959	17.2
2008	12,681	15.7
2009	13,306	4.9
2010	11,658	▲ 12.4
2011	11,369	▲ 2.5
2012	11,129	▲ 2.1
2013	10,332	▲ 7.2

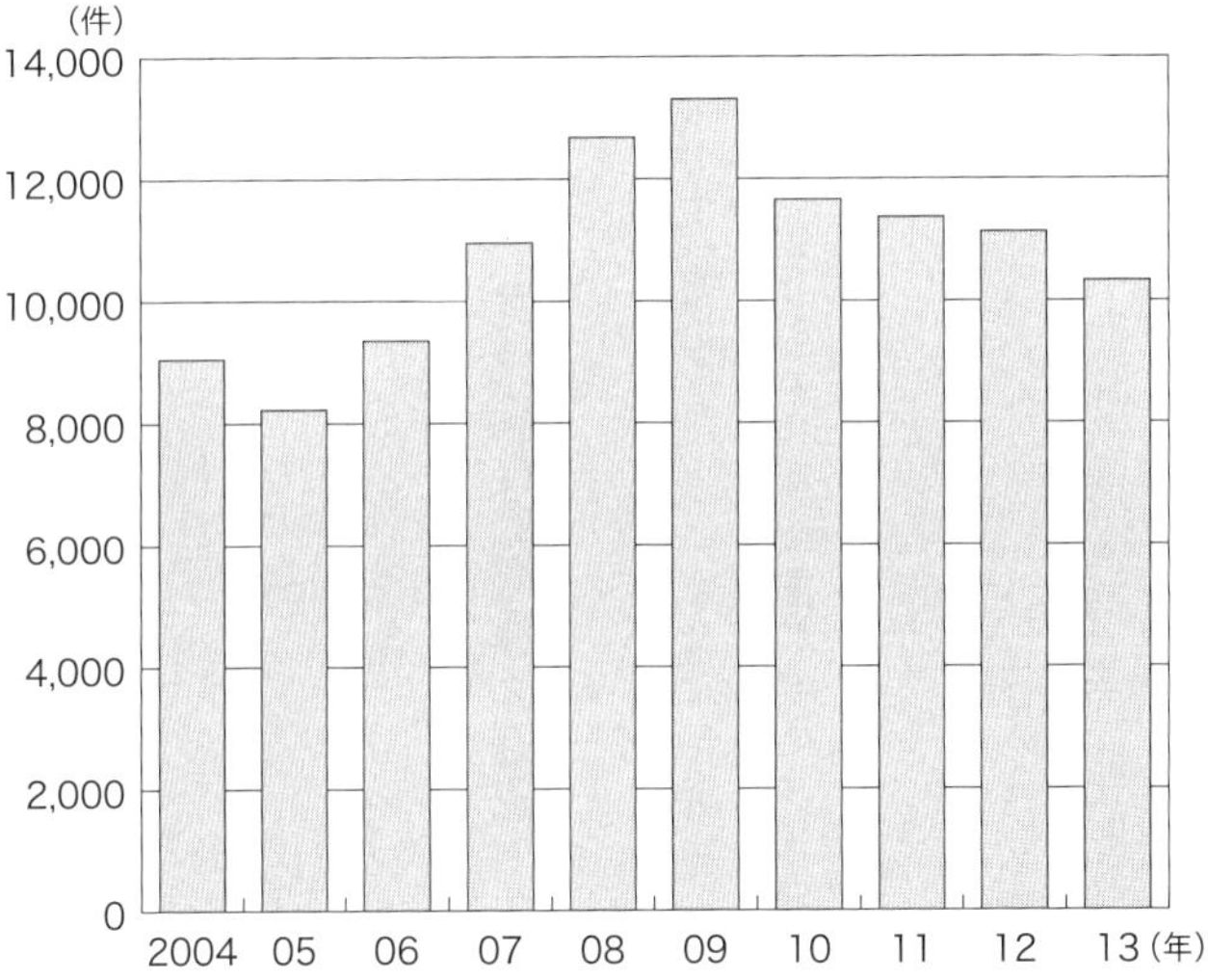

全国企業倒産集計　2013 年報　年別件数推移
（出所：帝国データバンク）

このように、2008年秋のリーマンショックにより翌年の倒産件数がピークに達したものの、2009年の金融円滑化法の施行により、倒産件数が大きく減少し、その後は年々件数が減少していることが分かります。

このデータからも、金融円滑化法が倒産件数の減少に大きな効果を発揮したのは間違いなく、この辺りが、金融円滑化法が「平成の徳政令」といわれるゆえんです。

▼6 金融円滑化法の失効後も、資金繰り支援等は継続

そして、金融庁は、金融円滑化法の失効にあたって、失効により急な貸し渋りや貸しはがしが生じないよう、「中小企業金融円滑化法の期限到来に当たって講ずる総合的な対策」を作成し、公表しました。

その中で、「金融機関による円滑な資金供給の促進」に関しては、以下のような措置がとられています。

① 金融検査マニュアル等に、金融円滑化法終了後も、貸付条件の変更等や円滑な資金供

給に努めることを明記し、検査・監督で徹底する

② 金融業界は、円滑化法終了後も貸付条件の変更等に真摯に対応していく旨を申合せする

③ 金融機関に、貸付条件の変更等の実施状況の自主的な開示を要請する

これを受けて、各金融機関も、金融円滑化法失効後においても、これまでどおりの対応を継続する旨を表明しており、一定の条件を満たせば貸出条件の変更には応じるものとしています。特に地銀、第二地銀、信用金庫等の地域金融機関としては、地場に密着して営業を行っているので、急に手のひらを返して突き放すような貸し剥がしは行うことはできないという事情もありました。そのため、金融円滑化法の失効後も、貸付条件の変更等は継続して実行されています。

そして、アベノミクスによる景況改善の効果もあり、金融円滑化法が２０１３年３月末に失効した後も、倒産件数は増えておらず、むしろ微減している状況です（19頁表・グラフ）。

▼7　金融円滑化法による「隠れ不良債権」の発生

しかし、金融円滑化法の施行により、倒産を回避した中小企業のうちには、業績回復の見込みがなく、本来であれば廃業、倒産等により淘汰されるべき企業も多く存在しました。にもかかわらず、これらの企業は、金融機関から、借入金返済の支払猶予を受けることにより、業績回復の見込みがないままに、いたずらに延命されているとの批判がありました。

また、金融円滑化法の施行に伴い、金融検査マニュアル（金融庁の金融機関に対する金融検査の指針をまとめたもの）が改定され、貸出条件緩和債権の基準が緩められました。その結果、リスケを行っても、一定の用件を満たせば、要管理債権には該当しないこととなり、不良債権の判定基準が緩和されました。その結果、従来であれば、不良債権となっていたものがそうならず、それらが「隠れ不良債権」、「不良債権予備軍」となっているという指摘がなされています。

8　金融円滑化法を利用した企業の倒産数の増加

そして、そのような指摘を裏付けるデータがあります。金融円滑化法を利用して借入金の支払猶予を受けた企業が、その後、倒産した件数が年々増えているのです。

金融円滑化法の施行直後である2010年度では倒産件数は53件にすぎませんでしたが、年を追うごとに増加し、2013年度には545件に達しています。

金融円滑化法は企業の資金繰りを支援する法律です。借入金等の金融負債の支払を停止することにより、資金繰りは一時的に楽になり、目先の資金ショートは回避することができます。そのため、いったんは倒産を回避して、事態の先送りができます。

しかし、これはあくまで一時的な延命措置にすぎず、業績不振の企業についての抜本的な再建策にはなりません。これらの企業を抜本的に再建するためには、売上を伸ばし、費用を削減する等して、事業構造の改革を行い、損益や財務内容を改善する必要があります。業績不振の企業が営業損益で赤字を計上しているような場合は、その黒字化を図らなければ、どんどん手元資金が流出して資金が枯渇し、いずれは取引債務の支払すらできなくな

中小企業金融円滑化法の期限到来に当たって講ずる総合的な対策
関係省庁が連携して、以下の施策を推進

Ⅰ．政府全体として円滑化法終了に対応する体制の構築

○関係省庁が連携した「中小企業金融等のモニタリングに係る副大臣会議」を設置

Ⅱ．金融機関による円滑な資金供給の促進

○金融検査マニュアル・監督指針に以下を明記し、検査・監督で徹底

➢（円滑化法終了後も）貸付条件の変更等や円滑な資金供給に努めること

➢ 他の金融機関等と連携し、貸付条件の変更等に努めること

○地域経済活性化支援機構法に、金融機関は金融の円滑化に資するよう努めるべきとの趣旨を規定

➢ 機構法案 64 条「機構及び金融機関等は、…金融の円滑化に資するよう、相互の連携に努めなければならない」

○金融業界は、円滑化法終了後も貸付条件の変更等に真摯に対応していく旨を申合せ

○金融機関に、貸付条件の変更等の実施状況の自主的な開示を要請

Ⅲ．中小企業・小規模事業者に対する経営支援の強化

○金融機関に対し、中小企業・小規模事業者の経営支援に一層取り組むよう促す

⇒金融検査マニュアル・監督指針に、中小企業・小規模事業者の経営改善を最大限支援していくべき旨を明記し、検査・監督で徹底

⇒金融機関が中小企業・小規模事業者の経営支援に係る取組状況等を公表

○独力では経営改善計画の策定が困難な小さな中小企業・小規模事業者に全国約 11200 の認定支援機関（税理士、弁護士等）が計画策定を支援

⇒中小企業・小規模事業者（2 万社を想定）の経営改善計画策定に関し、

- 認定支援機関に対する研修の案施【予備費・補正予算：15 億円】
- 認定支援機関が行う計画策定支援やフォローアップに係る費用を補助【補正予算：405 億円】

○年間数千件程度の再生計画策定支援の確実な案施のため、中小企業再生支援協議会の機能強化を図る

⇒各都道府県の協議会・全国本部の専門人員の抜本的増員等【補正予算：41 億円】

○企業再生支援機構を地域経済活性化支援機構に改組・機能拡充

【当初予算政府保証枠：1 兆円】

⇒直接の事業再生支援に加え、地域の再生現場の強化や地域活性化に資する支援のための機能（専門家の派遣、事業再生・地域活性化ファンドへの出資等）を追加

【補正予算：30億円】

○経営支援と併せた公的金融・信用保証による資金繰り支援

⇒経営支援型等のセーフティネット貸付【事業規模：5兆円】

⇒複数の借入債務を一本化し返済負担軽減を図る借換保証を推進【事業規模：5兆円】

⇒政府系金融機関による資本性劣後ローンの拡充【事業規模：0.4兆円】

○全都道府県に中小企業支援ネットワーク（※）を構築し、参加機関が連携して中小企業・小規模事業者の経営改善・事業再生を支援

⇒定期的な情報交換会や研修会による経営改善・事業再生ノウハウの向上、個別の中小企業・小規模事業者の支援の方向性を検討する枠組み（経営サポート会議）の構築等

（※）信用保証協会を中心に、商工会・商工会議所・中小企業団体中央会、税理士・弁護士・公認会計士、中小企業診断士、地域金融機関、政府系金融機関、中小企業再生支援協議会、地方公共団体、財務局・経産局等により構成

Ⅳ．個々の借り手への説明・周知等

○金融機関は、円滑化法終了後も顧客への対応方針が不変であることを個々の中小企業・小規模事業者に説明

○円滑化法終了後も金融機関や金融当局の対応が不変であること、各種の中小企業・小規模事業者支援策を、商工会、中小企業団体中央会、税理士会、公認会計士協会、中小企業診断協会、行政書士会等を通じ、中小企業・小規模事業者に幅広く説明

○わかりやすいパンフレットの作成、新聞広告など政府広報を活用した中小企業・小規模事業者に対する広報の実施

○経済産業省に「中小企業・小規模事業者経営改善支援対策本部」を設置し、関係団体、認定支援機関に対し、各種施策の積極的活用を要請

○金融庁及び中小企業庁等において、中小企業・小規模事業者等に対する説明会、意見交換会等を集中的に実施

○全国の財務局・財務事務所に「金融円滑化に関する相談窓口」、全国の経済産業局、中小企業再生支援協議会、公的金融機関など関係機関に「経営改善・資金繰り相談窓口」（約580カ所）を設置し、中小企業・小規模事業者からの個別の相談・苦情・要望にきめ細かく対応

（出所：金融庁HP）

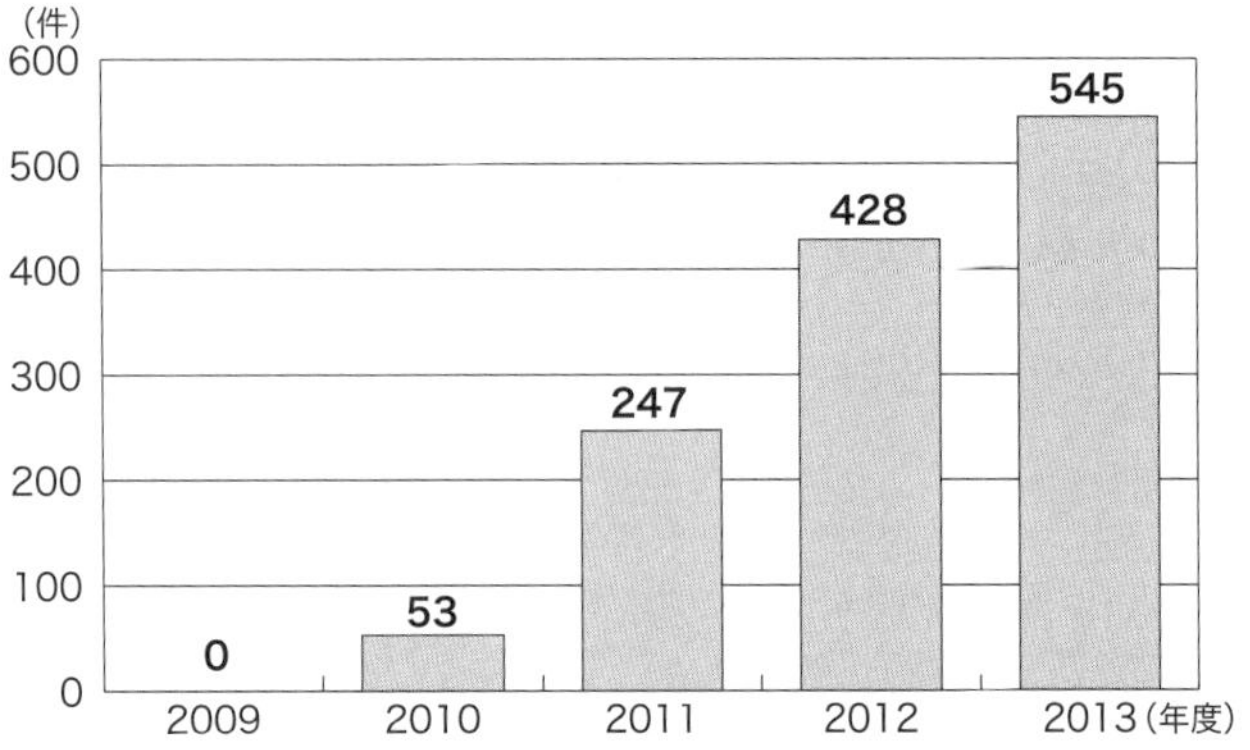

「金融円滑化法利用後倒産」の推移
（出所：帝国データバンク　第12回「金融円滑化法利用後倒産」の動向調査）

ってしまいます。そうなれば、倒産は避けられません。

金融円滑化法利用後の企業の倒産数の増加というデータは、金融円滑化法によりいったんは倒産を先送りしたものの、抜本的な再建にはいたらず、その後に最終的には倒産してしまう企業が増えているということを裏付けています。

▼9　中小企業の事業再生が待ったなし

前述の通り、業績が悪化した企業について、支払猶予という資金繰り支援によって一時的な倒産を回避することはできます。しかし、それは本当の意味での事業の再生になるわけではありません。借りたお金はいつか返す必要があり、恒久的に支払が猶予されるわけではありません。

そこで、支払猶予を得た上で、資金繰りを確保し、再建のための対策をとる時間を得つつ、その間に事業収益を改善して黒字化し、事業の再生を図っていく必要があります。中小企業の経営改善に向けた出口戦略が求められています。

この点、金融円滑化法の失効後の総合的な対策の1つとして、中小企業・小規模事業者に対する経営支援の強化があり、その中で、中小企業再生支援協議会の機能強化があげられています（24～25頁）。

そして、実際の中小企業再生支援協議会に対する相談件数の推移をみると、2009年12月に金融円滑化法が施行された後、2010年度以降はいったん相談件数が激減していました。しかし、2012年度末の同法の失効に向けて件数が増加し、2012年度が3712件、2013年度が4128件と急増しています。

金融円滑化法の施行後に相談件数が激減した理由は、以下の通りと考えられます。もともと中小企業再生支援協議会の重要な機能の1つは、金融機関間との調整による借入金の支払猶予（リスケ）でした。ところが、金融円滑化法の施行により、多くの企業が同協議

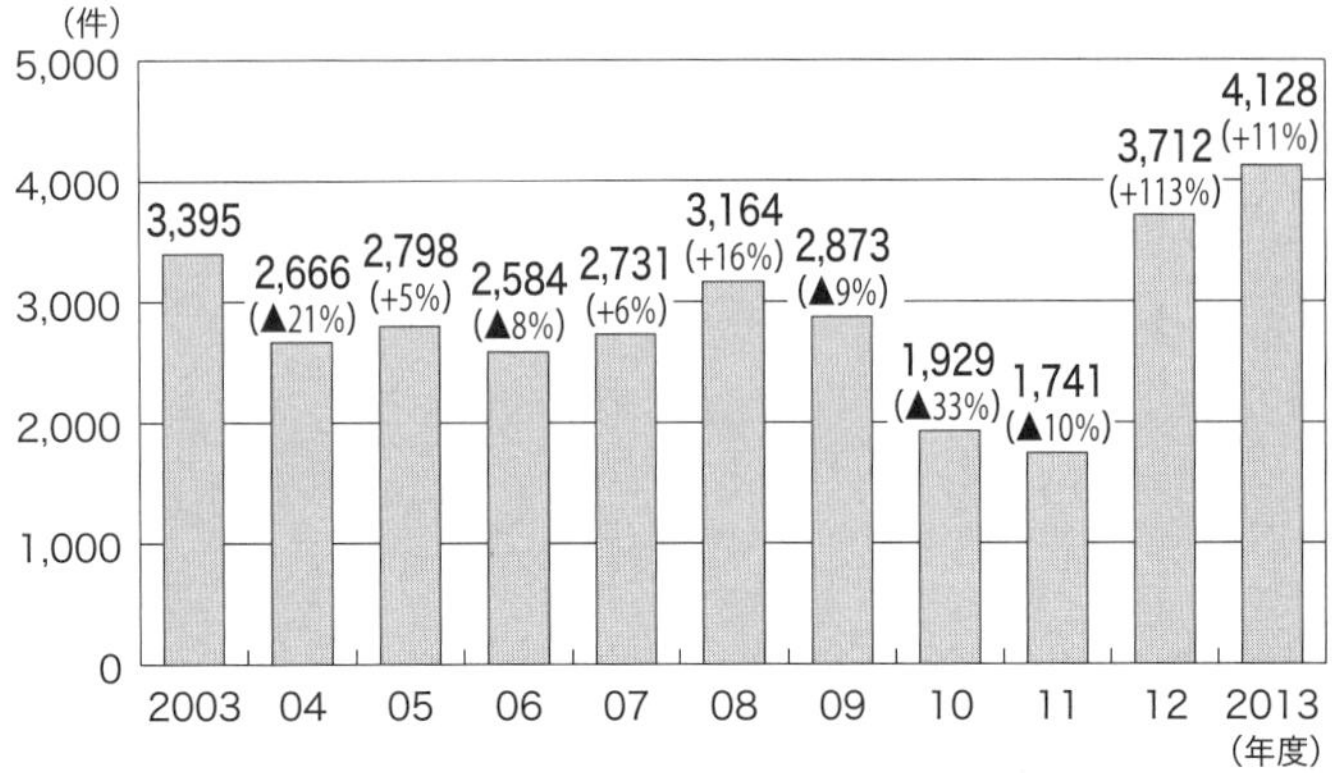

相談企業数の年度推移

(出所:中小企業再生支援協議会の活動状況について〜平成25(2013)年度活動状況分析〜)

会の支援なしに簡単にリスケを受けられるようになったため、2010年度にいったん相談件数が激減したと思われます。

しかし、その後の2012年度末の金融円滑化法の失効をにらんで、中小企業の経営改善への取組みに向けた意識が高まり、同年度以降、中小企業再生支援協議会への相談件数が増加したものと推測されます。

▼10 再生できない中小企業は転廃業が迫られる

そして、このような中小企業の経営改善に向けた包括的な経営支援がなされる一方で、再生が困難である企業については、転廃業に向けた支援が取られることとなります。

金融庁は、「主要行等向けの総合的な監督指針」や「中小・地域金融機関向けの総合的な監督指針」において、監督上の評価項目として、顧客企業に対するコンサルティング機能を発揮し、「最適なソリューション」を提案することを求めています。

そして、「顧客企業の経営目標の実現や経営課題の解決に向けて、顧客企業のライフステージ等を適切かつ慎重に見極めた上で、当該ライフステージ等に応じ、顧客企業の立場に立って適時に最適なソリューションを提案する」ものとしています。その中で、「特に、顧客企業が事業再生、業種転換、事業承継、廃業等の支援を必要とする状況にある場合や、支援にあたり債権者間の調整を必要とする場合には、当該支援の実効性を高める観点から、外部専門家・外部機関等の第三者的な視点や専門的な知見・機能を積極的に活用する」としています。

また、具体例として、事業の持続可能性が見込まれない企業については、顧客企業が自主廃業を選択する場合の協力を含め、顧客企業自身や関係者にとって真に望ましいソリューションを適切に実施すべきとしています。

金融庁の施策としても、事業の持続可能性が見込まれない先については、問題を先送りにせず、廃業もやむなしとされているのです。

また、昨今の金融機関側の事情としては、アベノミクスによる株高、景気回復により、財務体質が改善しつつあり、再生困難な貸出先に対する不良債権を処理するだけの余力が生じてきているということがいえます。

そして、そのような中、２０１４年3月19日付日経新聞が、次の通り、報じています。


「金融庁は中小企業金融円滑化法に基づき返済猶予を受けてきた中小企業に対し、転廃業を促す方針に転換した。金融機関への立ち入り検査でこれまでは返済猶予を求めてきたが、無条件で返済を猶予するのではなく、金融機関が抜本的な企業再生に取り組むよう促す。

……円滑化法は中小企業の資金繰り支援のため２００９年12月に導入され、13年3月に終了した。その後も金融庁は激変緩和のため、金融機関に「返済猶予」を求めていたが、今後は「抜本的な企業再生」を求める方向にカジを切る。近く始める地銀への検査でも取引先の持続可能性を個別に聞き取り、地銀が取引先企業の転廃業に取り組むよう促す」。


このように、金融円滑化法の失効を踏まえ、中小企業について事業の再生可能性や持続

顧客企業のライフステージ等の類型	金融機関が提案するソリューション	外部専門家・外部機関等との連携
事業再生や業種転換が必要な顧客企業 （抜本的な事業再生や業種転換により経営の改善が見込まれる顧客企業など）	• 貸付けの条件の変更等を行うほか、金融機関の取引地位や取引状況等に応じ、DES・DDSやDIPファイナンスの活用、債権放棄も検討。 • 上記の方策を含む経営再建計画の策定を支援。	• 地域経済活性化支援機構、東日本大震災事業者再生支援機構、中小企業再生支援協議会等との連携による事業再生方策の策定 • 事業再生ファンドの組成・活用
事業の持続可能性が見込まれない顧客企業 （事業の存続がいたずらに長引くことで、却って、経営者の生活再建や当該顧客企業の取引先の事業等に悪影響が見込まれる先など）	• 貸付けの条件の変更等の申込みに対しては、機械的にこれに応ずるのではなく、事業継続に向けた経営者の意欲、経営者の生活再建、当該顧客企業の取引先等への影響、金融機関の取引地位や取引状況、財務の健全性確保の観点等を総合的に勘案し、慎重かつ十分な検討を行う。 • その上で、債務整理等を前提とした顧客企業の再起に向けた適切な助言や顧客企業が自主廃業を選択する場合の取引先対応等を含めた円滑な処理等への協力を含め、顧客企業自身や関係者にとって真に望ましいソリューションを適切に実施。 • その際、顧客企業の納得性を高めるための十分な説明に努める。	• 慎重かつ十分な検討と顧客企業の納得性を高めるための十分な説明を行った上で、税理士、弁護士、サービサー等との連携により顧客企業の債務整理を前提とした再起に向けた方策を検討

金融庁　主要行等向け、中小・地域金融機関向けの
総合的な監督指針（抜粋）

（出所：金融庁の資料を元にウェッジ作成）

可能性の有無による選別が進もうとしています。そして、再生できない中小企業については、廃業が迫られる時期が到来しつつあるのです。

3　会社経営をやめるとき、高齢・引退型と業績悪化型がある

▼1　高齢・引退型と業績悪化型の2つのタイプ

社長が、会社経営をやめようと思うとき、高齢・引退型と業績悪化型の大きく分けて2つのタイプがあります。そして、そのタイプによって、会社経営のやめ方の選択肢が異なってきます。

高齢・引退型は、社長が高齢となり、事業から引退したいというケースです。

会社の経営状況としては、会社の財務状態はさほど悪化しておらず、当面の資金繰りにも問題はない場合が想定されます。この場合の選択肢は、①事業承継、または②廃業となります。

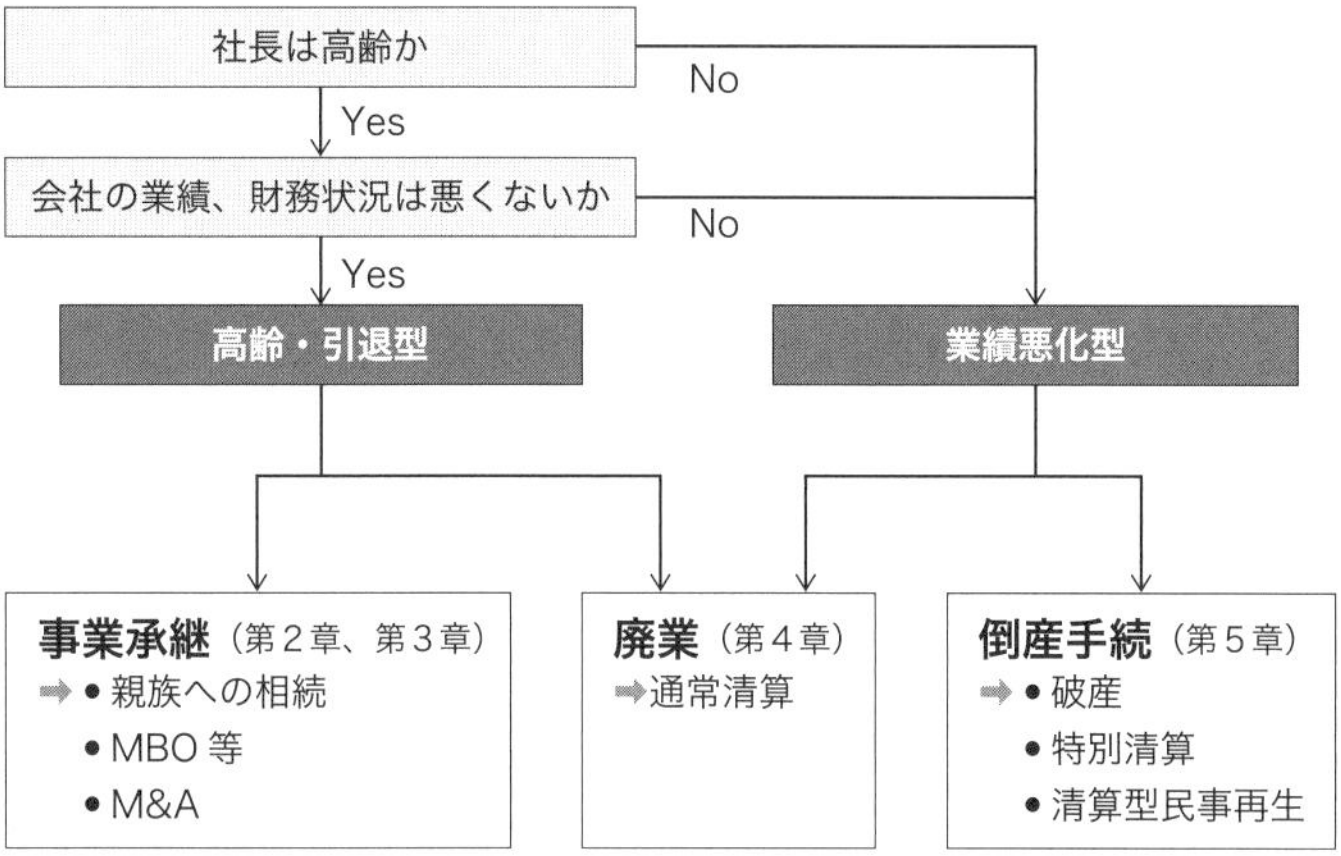

高齢・引退型と業績悪化型

他方、業績悪化型は、業績不振で、今後も改善の見込みが立たず、このままずるずると事業を継続すると、更に状況が悪化し、債務超過への転落や資金ショートのおそれがあるため、倒産する前に、自ら廃業するケースです。

会社の経営状態としては、会社の財務状態が悪化しており、資金繰りにもあまり余裕がない場合が想定されます。この場合の選択肢は、①廃業、または②倒産手続となります。

もっとも、高齢・引退型と業績悪化型という2つのタイプは、あくまで典型的なタイプを示したものにすぎません。

実際の会社のあり方としては、両者の混合型という場合も多くあります。高齢で引退を考えており、会社の経営状態も余り良くないが、かといって当面、事業継続に支障が生じることはない、といった状態です。

このような場合は、高齢・引退型と業績悪化型という両方のタイプの視点を持ちながら、様々な問題を検討することになります。

▼2 高齢・引退型の経営のやめ方——事業承継する

社長が会社を引退しようと思ったとき、通常、まずは事業承継を考えます。

会社の業績がある程度好調で、会社の財務状態も比較的良好であり、かつ事業規模が小さすぎではなければ、会社に企業価値が見込まれます。そのような会社であれば、事業承継ができる可能性があります。

事業承継の手法としては、①親族への承継（相続）、②社内の役員や従業員への承継（MBO等）、または③社外の第三者への承継（M&A）の3つがあります。

1 親族への承継（相続）

まず、身内である子供や親族の中に後継者がいれば、それに継がせようと思うことが多いでしょう。

この場合、事業承継に伴い、相続や贈与が発生しますので、税金対策が重要なポイントとなります。また、自分が死亡して相続が発生した後に、相続人間で遺産争いや、会社の経営権に関する紛争が起きないように、手だてを講じておく必要が生じます。

親族への承継についての詳細は、第2章でご説明します。

2　社内の役員や従業員への承継（ＭＢＯ等）

①　ＭＢＯとは

少子化や、社会の価値観、職業選択の多様化により、人生の選択肢が増えました。そのため、社長の子供や親族が事業を承継せず、親族への社長交代ができない場合もあります。

その場合、会社の現在の役員や従業員の中に、経営者になるのに適した人物がいるときは、その人を社長に内部昇格させ、事業承継するという手法も考えられます。ＭＢＯ(Management Buyout　経営陣による買収）という方法です。

また、役員ではなく、従業員が会社を買収する場合（EBO = Employee Buyout　従業員による買収）や、役員と従業員とが共同して会社を買収する場合（MEBO＝Management and Employee Buyout　経営陣と従業員による買収）もあります（以下、全てまとめて「ＭＢＯ等」と略します）。

② ＭＢＯ等のメリット

このようなＭＢＯ等を行うことによって、後継者がいない企業の社長であっても、自社を熟知し、気心もよく知れている自社の役職員に、自分の意志や経営方針を継いでもらって経営を託することができます。

また、従来の役職員が、そのまま社長、株主になりますので、経営方針、金融機関、取引先や従業員との従来の関係が保たれやすく、経営の連続性が維持しやすくなります。

③ ＭＢＯ等の手法―会社株式や事業用資産を譲渡

ＭＢＯ等がなされる場合、後継者は親族ではありませんので、会社の株式や事業用資産を相続等により取得することはありません。

そして、単に後継者が社長になるだけで、会社の株式や社長の個人所有の事業用財産を取得しないときは、会社の経営は安定しません。そのような場合であっても、社長が存命の間は問題が生じないでしょうが、社長の死亡後に、後継者と社長の相続人との間で、会社経営や配当、事業用資産の取り扱い等に関して紛争が生じて、会社経営に支障が生じるおそれがあります。

そこで、MBO等の場合は、後継者を社長に就任させるとともに、会社株式や社長の個人所有の事業用財産を後継者に譲渡するのが望ましいということになります。

後継者がそれらの資産を取得する資金を用意できる場合はよいのですが、資産価値が高額である場合、後継者がどのようにその取得資金を捻出するか、という問題が生じます。後継者が十分な資金を持っていない場合、プライベート・エクイティ・ファンドなどから資金協力を受けることがあります。この場合、MBO等の結果、このようなファンドが大株主となることになります。

MBO等についての詳細は、第2章で解説します。

3 社外の第三者への会社売却（M&A）

親族や社内の役職員に後継者がいない場合は、社外の第三者への事業承継を検討することになります。これは、M&A（Mergers & Acquisitions 合併と買収）と言われます。

M&Aには、株式売却、合併、会社分割、事業譲渡等、様々な手法がありますが、中小企業の経営者が引退する際の事業承継において、一般に用いられるのは株式売却になります。

M&Aにより、売り手の社長にとっては、後継者不在の問題を解決できます。また、通常であれば未公開株式の売却は容易ではありませんが、M&Aとして第三者への株式売却を行うことにより、株式を現金化することができます。その結果、社長が死亡して相続が発生した際の相続税の納税資金を確保することもできます。

更に、株式売却の手法によった場合、会社を取り巻く法律関係や事実上の関係は、基本的に現状のままで承継先に引き継がれることになります。そのため、金融機関や取引先、従業員との関係は、基本的にそのまま維持され、雇用を維持することもできます。

M&Aについての詳細は、第3章で解説します。

３　高齢・引退型の経営のやめ方――廃業する

１　廃業とは

会社を事業承継できない場合は、廃業することになります。

廃業とは何か。法律上の定義があるわけではなく、多義的に用いられている概念です。ただ、一般的には、会社や自営業者が、手形不渡り、多数の取引先に対する買掛金等の支払ストップ、または債務の取り付け騒ぎ等の資金ショート（これらを支払停止といいます）を起こすことなく、法律上の倒産手続を用いずに、会社の事業を廃止して、会社を清算することをいいます。このような清算を、法的な倒産手続である特別清算と区別して、通常清算といいます。

廃業は、倒産手続とは異なり、利害関係人にかける迷惑や悪影響が比較的少なく、ソフトランディングで会社を清算する手法です。

2　債務超過か否かが重要

廃業する場合、会社が資産超過か、または債務超過かという点が重要になってきます。会社の経営状態が悪化しておらず、資産超過の場合は、債権者から債権放棄（債務免除）を受ける必要がありませんので、会社の借入金、未払金、買掛金等の債務を全額返済して、会社を清算することができます。

更に、会社が債務超過の場合であっても、その程度が軽い場合や、一部の債権者との協議、交渉によって、不足額について債務免除を受けられる場合は、社長が私財提供をすることや、債権の一部の放棄を受けることにより、会社を清算することが可能な場合もあります。このような会社清算の手法を、後述の倒産手続と区別して、一般に私的整理といいます。

廃業については第4章で、私的整理と倒産手続については、第5章で説明します。

▼4　業績悪化型の場合のやめ方──廃業or倒産手続

業績悪化型は、事業の先行きが不透明で将来性がなかったり、または業績が低迷して、そのままでは事業継続が困難なケースです。

そのような場合は、会社に将来性が感じられず、企業価値も見込まれないということになります。そのため、親族へ会社を承継させるべきかは、非常に悩ましい判断となるでしょう。また、社内の役員、従業員への承継についても、誰からも手が挙がらない場合も多いでしょう。まして社外の第三者への事業承継は、通常は困難となります。

そのようにして、事業承継先が確保できなかった場合、選択肢としては、①廃業か、②倒産手続か、ということになります。廃業については、前記３で説明したとおりですので、以下、倒産手続について説明します。

５　業績悪化型の場合のやめ方――倒産手続をする

「倒産」には、廃業と同様に、法律上の定義は存在せず、法律用語ではありません。ただ、一般的な意味合いとしては、会社や自営業者に、資金ショート（支払停止）が生じたり、裁判所に倒産手続の申立てをしたりして、その経営が破綻し、正常な状態での事業継続ができなくなった状態をいいます。

そして、「倒産手続」とは、一般に、法的な債務整理手続である、破産、特別清算、民事再生、会社更生の各手続をいいます。

資金繰りに窮し、または会社が債務超過になった場合は、裁判所に対して、これらの倒産手続の申立てを行い、法律の規定に従い、債務を整理して会社を清算したり、再建することができます。

会社や自営業者が倒産した場合には、ほぼ例外なく大幅な債務超過の状態になっています。債務超過の場合、借入金や未払金、買掛金等について、その全額を返済することができませんので、倒産手続により、一部または全部の債務の免除を受けた上で、会社を清算することになります。

したがって、倒産手続は、廃業とは異なり、利害関係人にかける迷惑や悪影響が大きく、ハードランディングで会社を清算する手法です。倒産手続についての詳細は、第5章で説明します。

なお、資金ショートを起こした場合であっても、私的整理や倒産手続などの債務整理手続や、会社の清算手続が行われることなく、経営者が突然行方をくらまし、連絡が取れなくなって、そのまま事業を停止してしまう場合もあります。

これが、いわゆる夜逃げです。後始末をせずに全てを放り出して、倒産手続の申立てすらせずに、会社の関係者から逃げてしまうやり方です。いかにも無責任であり、会社の廃業の仕方としては、もっとも回避すべき手法です。

4 高齢・引退型の場合——事業承継 or 廃業の判断基準

▼1 まずは自社の経営状態を客観的に分析することが必要

自社が高齢・引退型だとしても、選択肢としては、事業承継できるのか、廃業になるのか、いずれでしょうか。

その判断をするためには、自社の適正な企業価値や、強み弱みを分析して把握しておく必要があります。

1　親族に事業承継させたい場合

たとえ、会社を子供や親族の跡取りに承継させる場合であっても、「事業の内容はさておいて、まずは跡取りが事業を承継するのが当然だ」ということにはなりません。価値観や生き方が多様化した現代社会においては、親の仕事だから子供が継ぐのが当然、というわけにはいきません。

事業承継の前に、本当に事業を承継させるのが後継者や会社の利害関係人のためになるのかを分析して検討するべきです。そのためには、企業内容の調査をして、経営状態を正確に整理し、把握しておく必要があります。

2　社外の第三者に事業承継させたい場合

また、事業を社外の第三者に売却しようとする場合にも、まずは会社が第三者に買収されうるだけの事業性、将来性を有しているのかを検証する必要があります。

そして、事業を売却する場合、買主側だけでなく、売主側としても、自社の強み弱みを把握することにより、会社の売却価格を最大化させることができます。そのためには、自社の企業内容の分析が必要です。

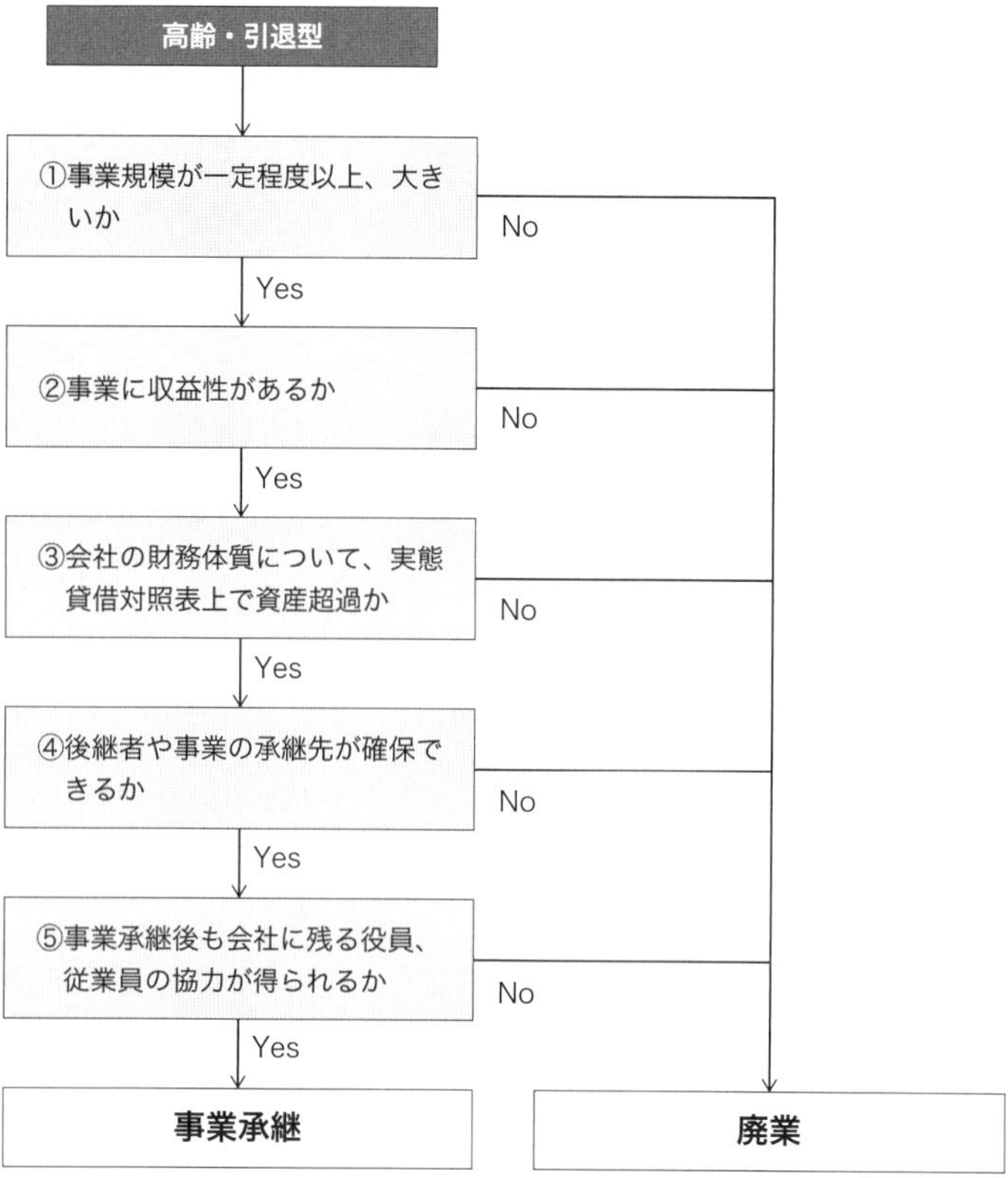

高齢・引退型　事業承継か廃業か

これを、Seller's Due Diligence（セラーズデューデリジェンス。売主側による企業内容の調査）といいます。

3　事業承継or廃業の判断基準とは

事業を承継させることができるのか、または廃業せざるをえないのかについては、以下の点がポイントとなります。

①　事業規模が一定程度以上、大きいか
②　事業に収益性があるか
③　会社の財務体質について、実態貸借対照表上で資産超過か
④　後継者や事業の承継先が確保できるか
⑤　事業承継後も会社に残る役員、従業員の協力が得られるか

1 ——▼ **2　事業規模が一定程度以上、大きいか**

社外の第三者へ事業承継させる場合

一般に、ある程度以上の事業規模がないと、事業を第三者に承継させることは困難になります。

どの程度の事業規模が必要かという点については、企業の業種や、立地、顧客、従業員の質、資産負債、損益の状況等、複数のファクターが絡み合いますので、一概には言えません。ただ実務的には、年商が１億円を下回ると買い手が付きにくくなります。

２　親族に事業承継させる場合

自営業者や、会社であっても事業規模がとても小さい場合、たとえ事業の収益性は確保できており、現在は事業継続に支障はない状態でも、結局のところ、経営者個人の生業という面が強くなります。

そうなると、親族から後継者を探す場合でも、現在、その事業に従事していない場合は、事業として引き継ぐ必要性や魅力を欠くということになりかねません。職種や価値観が多様化した現代では、家業は親族が継ぐ、というのが当たり前ではなくなってきているのです。

そのような場合は、後継者が確保できず、経営者である自分が引退した場合は、事業を廃業せざるを得ない可能性があります。

もっとも、現在、既にその事業に従事している親族や、社内の役員や従業員の中には、個人の生業としてその事業を承継し、自分の生業にしたい、という者がいるかもしれません。したがって、事業規模が小さくて、第三者や外部者への事業承継が困難な場合は、社内の親族、役員や従業員への事業承継を検討すべき場合が多くなります。

▼3 事業に収益性があるか

事業に収益性がなければ、今後事業を継続すると損失を拡大することになりますから、事業承継は困難となり、廃業すべきということになります。事業の収益性は、過年度の損益計算書を分析し、それを踏まえて将来の事業計画を作成して判断します。

1 決算書で、経営状態を把握しておくことが重要

中小企業では、社長や経営陣が、目先の資金繰りを押さえることに精一杯で、自社の決算書の内容については把握していない会社が多くあります。

しかし、貸借対照表や損益計算書等の決算書は、企業の経営状態を端的に示しているバロメーターです。健康診断の検査結果のようなものです。

貸借対照表や損益計算書で会社の財務内容や損益の状況を把握しなくても、目先の取引や資金繰りを回すことはできます。しかし、これに追われてばかりいると、日々の取引は回っており、資金繰りも確保できていたのに、いつの間にか気づかぬうちに赤字が積み上がり、資産を食いつぶした結果、資金が枯渇して、資金ショートにより倒産、という最悪の事態になりかねません。

したがって、企業運営において、社長が、決算書について顧問の会計士や税理士任せにせず、自らがその内容を十分に把握しておくということはとても重要なことです。

2 過年度の決算の実態ベースへの置き換え

まず、過年度の損益計算書について、実態ベースに置き換える必要があります。

自社の経営状態の分析は会社の実力を把握するために行うものです。したがって、過年度において、税務対策や収益を黒字化するための決算対策等で利益調整をしていた場合や、仮に粉飾等がある場合は、これを実態に戻して修正します。

例えば、黒字化のため、減価償却費を計上していなかったり、架空の売り上げを計上しているような場合は、実態ベースへ修正する必要があります。

3 過年度の損益の原因を分析する

また、過去の損益計算書を、何年かさかのぼって分析して、過去に計上された損益の原因を分析することが重要です。

過年度に赤字を計上している場合は、赤字に陥った原因を把握し、将来においてその原因を改善できるかどうかを検討します。

例えば、①少子高齢化や大企業の市場への進出、取引先の生産部門の海外移転などの社会構造の変化により、売上が減少して赤字を計上している場合があります。また、②多額の借入によって、事業用資産を購入し、その減価償却費や、金利負担が過重で赤字の原因になっている場合もあります。

これらの要因は、主に営業損失や経常損失として計上され、赤字を計上する継続的な要素となります。したがって、何らかの抜本的な改善策によりその要素を解消、改善する必要があります。

例えば、①の場合は、事業構造を改革して、現在の社会で必要とされる商品やサービスを提供することにより、売上を維持、増大させることができるのかということを検討します。

また、②の場合は、その事業用資産を売却して借入金を返済すれば、減価償却費や金利負担を解消して、黒字化は可能なのかということを検討します。

他方、例えば、赤字の原因が、販売先の倒産による多額の貸倒れや、資産運用の失敗による損失計上、地震による設備の損傷等である場合があります。このような場合は、特別損失として計上される一時的な要素となります。したがって、その一時的な苦境さえ何とか乗り切ることができれば、事業継続して業績が改善される可能性があります。

また反対に、過年度に黒字計上している場合も同様であり、黒字となった原因を分析し、それを将来にわたっても維持できるかを検討します。例えば、過去の黒字が、得意先の新製品発売に関連した部品の大量納品という一過性のものであった場合、そのような特需が今後も見込まれるのかということを分析します。

4　将来の事業計画の作成

そして、過年度の損益の分析を踏まえて、将来の事業計画、資金繰り予定表を作成します。

事業計画においては、業界全体のマクロ的な要素、会社独自の要素を勘案して整理し、これらについて一定の前提条件を仮定した上で、定性的内容を立案します。そして、これを元に定量的な数値目標を作成して、将来の事業計画とします。

また、過去の損益計算書の分析や将来の事業計画を作成の際には、会社全体の損益だけでなく、事業部門ごとに分けて数値を細分化して分析する必要があります。黒字部門と赤字部門の分別、把握ができ、それによって事業部門ごとに取るべき対応策が検討できるようになります。

5　事業の収益性を判断する

そして、収益性について、これまでの実績を把握して今後の予測を行い、事業について承継させうるだけの将来性があるかを判断します。

このような分析の結果、仮に現在赤字であっても、将来黒字化の見込みがあれば、事業の将来性はあるということになります。他方、仮に現在黒字であっても、今後は赤字化が強く見込まれるということであれば、事業承継ではなく、廃業も選択肢となります。

▼4 会社の財務体質について、実態貸借対照表上で資産超過か

1 過年度の決算の実態ベースへの置き換え

会社の財務体質については、実態貸借対照表で判断します。

自社の経営状態の分析は会社の実力を把握するために行うものです。したがって、実態貸借対照表についても、損益計算書について述べたと同様に、まずは過年度の貸借対照表において、税務対策や決算対策等の利益調整や、仮に粉飾等がある場合は、これを本来の会計基準に即して計上し直し、公正な会計基準に基づく簿価を把握する必要があります。

2 直近の数値へのアップデート

また、直近の事業年度末以降、資産負債の内容に大きな変動があった場合は、できる限り直近の月末を基準日にして、事業年度末以降の変動内容を計上し、直近の資産負債の状

況にアップデートします。

3　資産負債の時価への評価替え

更に、貸借対照表を元にして、事業継続を前提にしつつ、資産負債を時価ベースに置き換えた実態貸借対照表を作成する必要があります。

通常の貸借対照表は、一定の公正な会計基準に基づき、簿価で計上されており、資産の含み益や含み損、簿外負債等については、計上されていません。しかし、会社の実力を把握するためには、これらを計上した実態貸借対照表を作成する必要があります。

①　実態賃借対照表の評価基準

実態貸借対照表の作成の際、資産負債の評価基準として、確定的な定めがあるわけではありません。作成に当たっては、会社の事業継続を前提としつつ、企業の実力を把握するという目的に沿うように、資産負債について適切に時価への評価替えを行います。

基本的な手法としては、資産については実際の回収、換価可能額に置き換えます。

例えば、売掛金や貸付金等の債権は、相手先の資力等も勘案して、回収可能額で評価します。

在庫や商品、製品で、陳腐化する等して価値が毀損しているものは、実際の売却可能額で評価します。

不動産は鑑定（場合によっては、簡易鑑定）や市場価格による時価に置き換えます。工場等については、必要に応じて土壌汚染リスク等も勘案します。

取引先の株式や子会社株式等については、通常簿価としては出資した金額が計上されていますが、出資先の純資産額等を参考にしつつ、実際の売却、換価可能額にします。

② 簿外の資産負債を計上する

そして、貸借対照表に計上されていない簿外の資産負債については、これを全て計上して、オンバランス化を行います。

資産については、資産計上されていない特許権や著作権等がある場合は、適正な時価により資産計上します。

また、負債については、リース、退職金その他の労働債権で未計上のものを計上します。

更に、未計上の偶発債務、例えば、債務保証、割引手形、損害賠償、製品引渡後の保証履

実態貸借対照表

（2015 年 1 月 31 日現在）

（単位：円）

科目	帳簿価額	調整	評価額
資産の部			
【流動資産】	**360,423,569**	**△ 23,694,849**	**336,728,720**
現金及び預金	80,148,444	0	80,148,444
売掛金	105,987,554	△ 3,554,323	102,433,231
仕掛品	156,475,888	△ 15,554,323	140,921,565
貯蔵品	5,436,966	△ 180,770	5,256,196
前渡金	4,800,000	△ 800,000	4,000,000
前払費用	1,346,788	0	1,346,788
立替金	546,768	△ 150,000	396,768
仮払金	566,788	0	566,788
仮払税金	546,788	0	546,788
仮払消費税等	4,567,585	△ 3,455,433	1,112,152
【固定資産】	**322,113,327**	**△ 34,562,061**	**287,551,266**
（有形固定資産）	174,802,097	△ 35,680,000	139,122,097
建物	35,678,977	0	35,678,977
建物付属設備	4,566,333	0	4,566,333
土地	134,556,787	△ 35,680,000	98,876,787
リース資産	0	1,567,870	1,567,870
（無形固定資産）	1,501,353	8,670,000	10,171,353
電話加入権等	155,678	0	155,678
特許権	0	8,670,000	8,670,000
ソフトウェア	1,345,675	0	1,345,675
		0	0
（投資その他の資産）	145,809,877	△ 7,552,061	138,257,816
投資有価証券	55,809,877	△ 1,345,556	54,464,321
子会社株式	20,000,000	△ 1,647,800	18,352,200
差入保証金・敷金	15,000,000	0	15,000,000
長期貸付金	55,000,000	△ 4,558,705	50,441,295
資産合計	682,536,896	△ 58,256,910	624,279,986
負債の部			
【流動負債】	**148,511,616**	**△ 3,455,433**	**145,056,183**
買掛金	55,436,765	0	55,436,765
短期借入金	35,423,545	0	35,423,545
未払金	7,654,654	0	7,654,654
未払費用	35,432,222	0	35,432,222
前受金	5,465,433	0	5,465,433
預り金	5,643,564	0	5,643,564
仮受金	3,455,433	△ 3,455,433	0
仮受消費税等			
【固定負債】	**150,734,100**	**1,567,870**	**152,301,970**
長期借入金	145,066,550	0	145,066,550
退職給付引当金	5,667,550	0	5,667,550
リース債務	0	1,567,870	1,567,870
負債合計	**299,245,716**	**△ 1,887,563**	**297,358,153**
純資産	**383,291,180**	**△ 56,369,347**	**326,921,833**

実態貸借対照表の評価基準

（2015年1月31日現在）

科目	評価方針
資産の部	
【流動資産】	
現金及び預金	帳簿価額で評価
売掛金	回収不能と認められるものはゼロ評価。回収可能性が低いものは、可能性に応じて相当額を減額。その他は帳簿価額で評価
仕掛品	不良分を除き、帳簿価格で評価
貯蔵品	同上
前渡金	回収不能と認められるものを除き、帳簿価額で評価
前払費用	帳簿価額で評価
立替金	回収不能分は、ゼロ評価。その他債権については帳簿価額で評価
仮払金	帳簿価額で評価
仮払税金	帳簿価額で評価
仮払消費税等	仮払消費税については仮受消費税と相殺
【固定資産】	
（有形固定資産）	適正な未償却簿価で評価。ただし、土地は鑑定評価額。また、リース資産はリース債務残高相当額を計上
（無形固定資産）	
電話加入権等	帳簿価額で評価
特許権	収益還元法で評価
ソフトウェア	帳簿価額で評価
（投資その他の資産）	
投資有価証券	上場株式について市場価格で評価。未上場株式については、時価評価
子会社株式	子会社の実態貸借対照表をベースに時価評価
差入保証金・敷金	帳簿価額で評価
長期貸付金	個別に回収可能性を見積もって評価
負債の部	
【流動負債】	
買掛金	帳簿価額で評価
短期借入金	同上
未払金	同上
未払費用	同上
前受金	同上
預り金	同上
仮受金	同上
仮受消費税等	仮払消費税と相殺
【固定負債】	
長期借入金	帳簿価額で評価
退職給付引当金	同上
リース債務	リース債務残高を計上

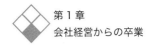

行等も、その発生可能性を勘案し、適切に計上します。

4　実態貸借対照表による企業価値の把握

実態貸借対照表を作成することによって、会社の実際の資産負債の状況が把握できます。

①　実質的に債務超過か否かが判定される

そもそも、会社が実質的に資産超過か否かが判定されることになります。

ここで「資産超過」とは、会社の資産総額の方が、債務総額よりも多額である状態をいいます。「債務超過」はその逆で、会社の資産総額よりも、債務総額の方が多額である状態をいいます。

仮に、通常の貸借対照表において、簿価上は資産超過であったとしても、実態貸借対照表上で債務超過となる場合は、第三者への事業承継では値が付かないことが多いでしょう。また、親族や社内の役員、従業員に事業を承継する場合も、そのような実質的に債務超過の会社を承継させることが本当によいのかを、慎重に検討する必要が出てきます。

②　純資産額が、企業価値評価の基準になる

中小企業の場合、株式が上場されていないため、株式の時価というものがなく、会社の企業価値が分かりづらくなっています。

そのため、実態貸借対照表における純資産額（資産総額から負債総額を控除した金額。自己資本ともいいます）は、企業価値を端的に表しているものとして、中小企業の企業価値を評価する際の重要な目安となります。

したがって、この実態貸借対照表における純資産額は、第三者へ株式を譲渡する場合において、株式の譲渡価格の重要な基準にもなります。

▼5　後継者や事業の承継先が確保できるか

1　企業価値があれば、後継者の確保はできる

以上の、①事業規模、②事業の収益性、③会社の財務体質という条件を全てクリアしても、④実際に後継者や事業の承継先が確保できなければ、事業承継はできません。

もっとも、④の点は、これらの①〜③のポイントにリンクする問題であって、通常、こ

れらの①〜③の条件がクリアできる事業であれば、それは企業価値のある会社ですから、一般的には、承継するだけの魅力のある会社ということになります。

したがって、自ずと、親族内や、社内の役員、従業員の中からが後継者が確保できるでしょうし、仮にそのような後継者がいなくても、第三者への事業売却も十分見込めるでしょう。

2　経営者保証ガイドラインにより、個人保証の引き継ぎは回避できる

もっとも、親族や社内の役員、従業員に事業承継を打診した際に、よく問題になるのが、個人保証の問題です。事業を承継するのはよいけど、社長に就任するに当たって、金融機関からの借入金についての個人保証を引き継ぐ必要があり、それが嫌だ、ということです。

この点、従来は、中小企業が金融機関から借入をするときは、大半の場合、社長の個人保証が求められていました。金融機関からすれば、個人保証をとることによって、社長の個人資産を貸付金の引き当てにでき、また、会社経営に当たっての社長のモラルハザードを回避できるので、それが個人保証をとるメリットでした。

しかし、安倍政権が進める日本再興戦略の一施策として、経営者保証に関するガイドラ

イン（以下「経営者保証ガイドライン」といいます）が公表され、2014年2月1日、その適用が開始されました。この経営者保証ガイドラインにより、一定の要件を満たせば、事業承継での社長交代の時に、個人保証の引き継ぎをしないことも可能となりました。

経営者保証ガイドラインは、中小企業団体及び金融機関団体の関係者が専門家等と協議を重ねて策定した準則であり、法的拘束力はありません。しかし、経営者、金融機関の双方について、自発的に尊重され遵守されることが求められているものです。

3 経営者保証ガイドラインの概要

経営者保証ガイドラインの概要は、以下の通りです。

中小企業の経営者や第三者の個人保証について、以下の準則を定めることにより、経営者保証の弊害を解消し、経営者による思い切った事業展開や、早期事業再生等を応援します。

① 会社の経営状態について、次の対応がなされていることを要件に、経営者の個人保証を求めないこと

• 法人と経営者との関係の明確な区分・分離

・財務基盤の強化
・財務状況の正確な把握、適時適切な情報開示等による経営の透明性確保

② 多額の個人保証を行っていても、早期に事業再生や廃業を決断した際に一定の生活費等を、破産手続の場合の自由財産現金99万円に加え、年齢等に応じて残すことや、「華美でない」自宅に住み続けられることなどを検討すること

③ 保証債務の履行時に返済しきれない債務残額は原則として免除すること

4　事業承継時に個人保証を引き継がないことができる

経営者保証ガイドラインにおいては、事業承継時の対応として、以下の通り定められています。

① 会社及び後継者における対応

(イ) 会社及び後継者は、債権者からの情報開示の要請に対し適時適切に対応する。特に、経営者の交代により経営方針や事業計画等に変更が生じる場合には、その点についてより誠実かつ丁寧に、債権者に対して説明を行う。

（ロ）会社が、後継者による個人保証を提供することなしに、債権者から新たに資金調達することを希望する場合には、会社及び後継者は前記3①に掲げる経営状況であることが求められる。

②金融機関等における対応

（イ）後継者との保証契約の締結について

債権者は、前経営者が負担する保証債務について、後継者に当然に引き継がせるのではなく、必要な情報開示を得た上で、経営者保証の機能を代替する融資手法を踏まえつつ、保証契約の必要性等について改めて検討する。

その結果、保証契約を締結する場合には、適切な保証金額の設定に努めるとともに、保証契約の必要性等について会社及び後継者に対して丁寧かつ具体的に説明することとする。

（ロ）前経営者との保証契約の解除について

対象債権者は、前経営者から保証契約の解除を求められた場合には、前経営者が引き続き実質的な経営権・支配権を有しているか否か、当該保証契約以外の手段による既存債権の保全の状況、法人の資産・収益力による借入返済能力等を勘案しつつ、保証契約の解除について適切に判断することとする。

したがって、経営者保証ガイドラインによれば、会社の経営状態が前記3①に掲げるような一定の要件を満たしていれば、社長交代に当たって、後継者が個人保証を引き継がないことも可能となりました。

▼6 事業承継後も、役員、従業員からの協力が得られるか

その他、事業承継後に会社に残る役員、従業員から、承継後も協力が得られるかということも重要です。

中小企業の場合、社長と会社の役員、従業員の距離感が近く、強い信頼関係で結ばれているのが通常です。たとえ社長の子供であっても、役員、従業員から、社長に対するのと同様の協力をしてもらえるとは限りません。事業承継を円滑に進めるためには、後継者が社内の役員、従業員から反発を招かずに、信頼関係を構築することができるように段取りを留意する必要があります。

5 業績悪化型の場合――廃業or倒産手続の判断基準

▼1 まずは自社の経営状態を客観的に分析することが必要

業績低迷のため会社をたたむことを検討する場合、前述の通り、手法としては廃業か倒産手続かという選択肢になります。廃業できるか、または倒産手続になってしまうかで、債権者や取引先等の利害関係人にかける迷惑、悪影響が大きく異なってきます。

廃業か倒産手続かの分かれ道は、具体的には、①資金繰りが確保できるか、②会社が清算貸借対照表上で資産超過か、という主に財務的な要素になります。これらの点について、自社の経営状態を客観的に把握して、分析をする必要があります。

▼2　資金繰りが確保できなければ倒産手続になる

1　資金繰りが止まれば、企業活動も止まり、廃業もできない

まずは、当面の資金繰りが確保できるかということが重要です。資金繰りは、会社の血液循環です。資金繰りが確保できず、資金がショートすれば、会社の活動は停止して、倒産に至ってしまいます。

廃業はソフトランディングで会社を清算する手続であり、一定の期間を要します。したがって、資金繰りが確保できないということになれば、廃業をするだけの時間的余裕はないことになり、倒産手続を選択せざるを得なくなってしまいます。

2　資金繰り表の重要性

中小企業では、資金繰り表を作成していない会社も多くあります。

しかし、資金繰りは企業の生命線です。支払手形を切っている場合には、手形決済日に決済資金が不足すれば、手形不渡りとなり、倒産の状態に陥ります。また、たとえ手形を

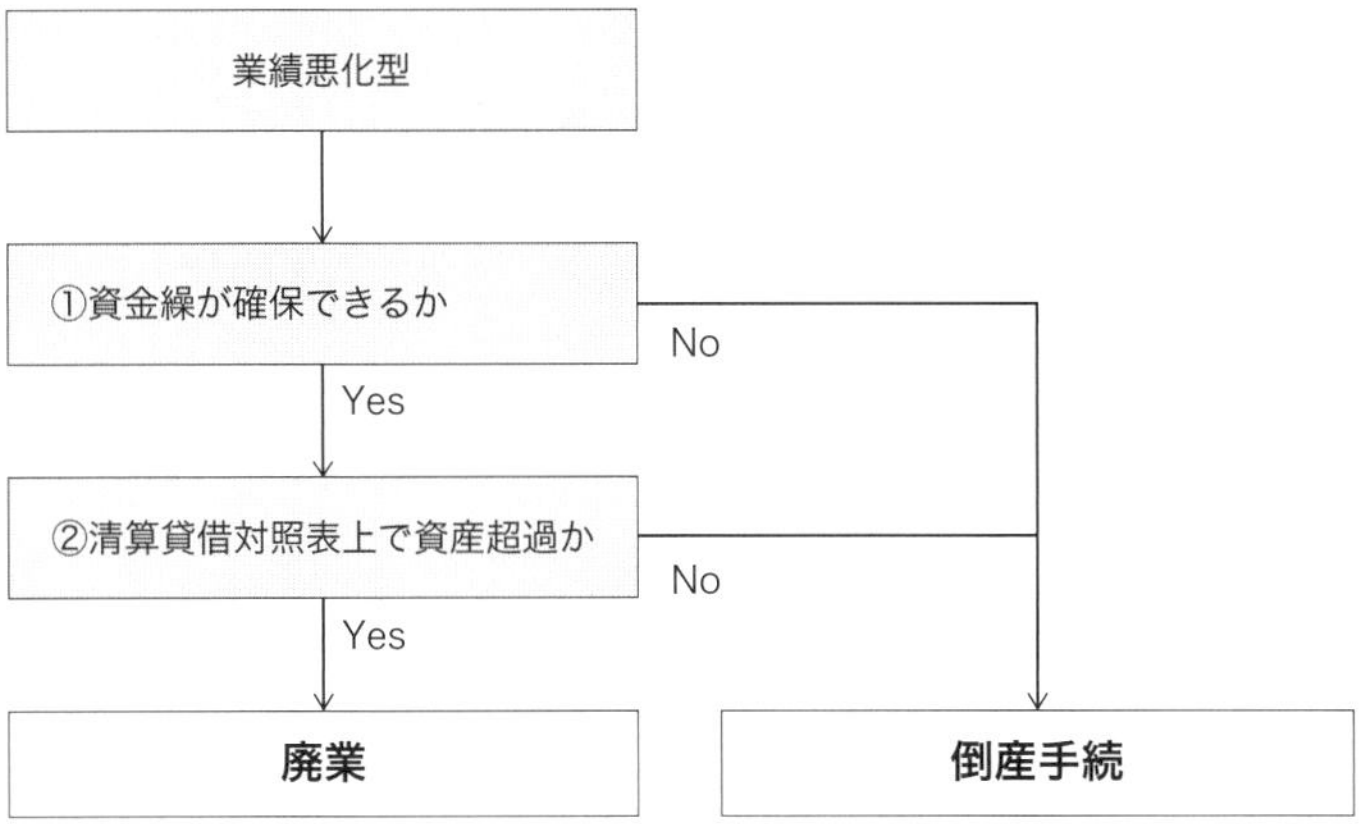

業績悪化型　廃業か倒産手続か

切っていなくても、買掛債務の支払日に、資金不足が突然判明して支払いができないということになれば、取り付け騒ぎを起こしかねません。

したがって、中小企業の経営において、資金繰り表を作成して、きちんとリアルタイムで資金繰りを把握しておくということは、危機管理の最重要事項です。

3　資金繰り表には、3種類ある

資金繰り表には3種類ありますので、これらをそれぞれ作成することが必要です。

まず、入出金を本来の予定日通りに計上し、売掛金の前倒しの回収や、買掛金の支払猶予などの特段の対応策をとらない場合を前提にして、本来の場合の資金繰り表を作成します。

次に、これをベースにしつつ、入金の遅れや支出の増大について保守的に見込んだ堅めの資金繰り表を作成します。不意の入金の遅れや支出の発生は生じうる事態ですので、これを織り込んで堅めに見ておくということです。

最後に、これとは反対に、入金の早期回収や支出の削減について楽観的に見込んだ緩めの資金繰り表を作成します。

これら3つの資金繰り表を総合的に勘案して、資金繰りの状況を判断します。

4　金融機関への支払猶予要請は比較的簡単にできる

資金繰りが苦しい場合、金融機関からの借入金については、支払猶予を要請することにより、少なくとも事実上は支払を先延ばしにすることが可能です。前述の通り、金融円滑化法は既に失効しているものの、失効後も、金融機関は、貸付条件の変更等や円滑な資金供給に努めるものとされています。

なお、支払猶予要請をした事実が、金融機関から漏れて信用不安が生じないかが心配になるかもしれませんが、通常はその心配は必要ありません。そもそも、金融機関は顧客である貸付先の状況について、一定の守秘義務を負っていると考えられます。また、金融機関自身の利害としても、そのような貸付先の支払能力に関わる情報が世間に暴露されることによって、信用不安が生じ、自行の貸付金の回収可能性についてリスクが生じますので、社外への情報漏洩は自らに不利益な行為となりかねません。実務上も、金融機関への支払猶予要請が、業界他社へ情報漏れして信用不安が生じるケースはほとんど見受けられません。

5　取引先への支払猶予要請は難しい

他方、金融機関と異なり、取引先への未払金、買掛金の支払猶予要請については、慎重に検討する必要があります。

取引先へこのような要請をした場合、業界他社にあっという間に情報が伝播するのが通常です。したがって、取引先への支払猶予要請は、信用不安を招きかねませんので、最後の手段として、熟慮が必要です。

6　資金ショートが見込まれるときは、廃業はできず、倒産となる

以上の事情を総合的に検討して、資金繰りの見込みを判断します。

その上で、種々の資金繰り確保のための対策を講じたとしても、資金ショートの可能性が高い場合は、廃業はできず、倒産にならざるをえないことになります。

資金ショートを起こした場合、すぐにその情報が業界に伝わって債権者が殺到し、「自分の債権だけ先に支払え」との強い申入れを受けることとなって、取り付け騒ぎが起こるのが通常です。

そのため、資金ショートとなる日かそれより前の日を、法的倒産手続の申立てをするXデーと定めて、その日にあわせて申立ての事前準備を始める必要があります。

▼3　清算貸借対照表を作成して、債務超過であれば倒産手続になる

1　清算をした場合、資産超過にならないと、廃業に支障が生じる

廃業できるか、倒産せざるを得ないかを判断するためには、資金繰り表の他に、清算貸借対照表を作成する必要があります。

清算貸借対照表とは、仮に会社が清算となった場合を前提として、資産負債を評価替えして作成する貸借対照表です。

会社が、清算貸借対照表上で、資産超過になっているのであれば、会社を清算するに際して、企業の債務を全て返済することができますので、問題なく清算手続を結了することができます。

他方、仮に資金繰りが確保できていたとしても、会社が債務超過となっているときは、実際に清算をする際、そのままでは債務を全て返済できないため、廃業に支障が生じる可能性があります。

2　過年度の決算の実態ベースへの置き換えや数値のアップデート

実態貸借対照表と清算貸借対照表は、会社の現状を把握するために、貸借対照表を一定の評価額に置き換えて作成するという点では共通しています。

清算貸借対照表の作成に際しても、実態貸借対照表と同様、過年度において決算調整等をしている場合はこれを実態に置き換える必要があります。

また、可能な範囲で直近の数値にアップデートして置き換える必要があります。

3　資産負債の清算価格への評価替え

もっとも、実態貸借対照表は、事業の継続を前提としていますが、清算貸借対照表は会社の清算を前提としている点で異なり、そのため、資産、負債の評価基準について差異が生じます。実態貸借対照表では、資産負債を時価で評価しますが、清算貸借対照表においては、資産負債を清算価格で評価します。

その評価基準については、確定的な定めがあるわけではありません。作成に当たっては、会社の清算を前提としつつ、企業の清算価値を把握するという目的に沿うように、資産負債について適切に清算価値への評価替えを行います。

基本的な手法としては、資産について、会社の清算を前提とした場合の実際の回収、換価可能額に置き換えます。

例えば、売掛金等の債権は相手先の資力等も勘案して、回収可能額で評価します。更に、当方の清算、事業廃止により、取引先等に損害が生じる場合、損害賠償を請求されて、売掛金等について全額の支払いがなされない可能性もあります。したがって、このような点も考慮して、回収可能額を評価します。

不動産は鑑定（簡易鑑定）や市場価格による時価を元に実際の売却見込額を算定します。更に、工場等については、売却に際して建物を取り壊す必要があると見込まれる場合は、その撤去費用等を売却見込額から控除します。

取引先の株式や子会社株式については、簿価としては出資した金額が計上されています。しかし、取引先の株式は、実際の売却見込額で評価します。また、子会社も親会社と一緒に清算するような場合は、子会社についても清算貸借対照表を作成した上で、その純資産価格で評価します。

4　簿外の資産負債を計上する

そして、貸借対照表に計上されていない簿外の資産負債については、これを全て計上して、オンバランス化を行います。この点は、実態貸借対照表と同様です。

作成に関しては、従業員に対して、会社清算による解雇予告手当や割増退職金を支払う場合はこれも計上しなければいけません。

また、清算業務に携わる従業員の給与や、清算期間についての事務所賃料等の諸経費など、清算費用についても計上することになります。

清算貸借対照表

(2015年1月31日現在)

(単位：円)

科目	帳簿価額	調整	評価額
資産の部			
【流動資産】	**360,423,569**	**△ 209,520,029**	**150,903,540**
現金及び預金	80,148,444	△ 15,065,780	65,082,664
売掛金	105,987,554	△ 25,607,800	80,379,754
仕掛品	156,475,888	△ 156,475,888	0
貯蔵品	5,436,966	△ 4,567,560	869,406
前渡金	4,800,000	△ 2,500,000	2,300,000
前払費用	1,346,788	△ 1,346,788	0
立替金	546,768	△ 150,000	396,768
仮払金	566,788	△ 350,780	216,008
仮払税金	546,788	0	546,788
仮払消費税等	4,567,585	△ 3,455,433	1,112,152
【固定資産】	**322,113,327**	**△ 117,349,265**	**204,764,062**
(有形固定資産)	174,802,097	△ 52,440,629	122,361,468
建物	35,678,977	△ 10,703,693	24,975,284
建物付属設備	4,566,333	△ 1,369,900	3,196,433
土地	134,556,787	65,343,036	69,213,751
リース資産	0	0	0
(無形固定資産)	1,501,353	1,654,325	3,155,678
電話加入権等	155,678	0	155,678
特許権	0	3,000,000	3,000,000
ソフトウェア	1,345,675	△ 1,345,675	0
		0	0
(投資その他の資産)	145,809,877	△ 66,562,961	79,246,916
投資有価証券	55,809,877	△ 1,345,556	54,464,321
子会社株式	20,000,000	△ 15,658,700	4,341,300
差入保証金・敷金	15,000,000	△ 15,000,000	0
長期貸付金	55,000,000	△ 34,558,705	20,441,295
資産合計	**682,536,896**	**△ 326,869,294**	**355,667,602**
負債の部			
【流動負債】	**148,511,616**	**△ 18,521,213**	**114,924,623**
買掛金	55,436,765	0	40,370,985
短期借入金	35,423,545	△ 15,065,780	20,357,765
未払金	7,654,654	0	7,654,654
未払費用	35,432,222	0	35,432,222
前受金	5,465,433	0	5,465,433
預り金	5,643,564	0	5,643,564
仮受金	3,455,433	△ 3,455,433	0
仮受消費税等			
【固定負債】	**150,734,100**	**5,115,670**	**155,849,770**
長期借入金	145,066,550	0	145,066,550
退職給付引当金	5,667,550	3,547,800	9,215,350
リース債務	0	1,567,870	1,567,870
負債合計	**299,245,716**	**△ 13,405,543**	**270,774,393**
純資産	**383,291,180**	**△ 313,463,751**	**84,893,209**

清算貸借対照表の評価基準

（2015 年 1 月 31 日現在）

科目	評価方針
資産の部	
【流動資産】	
現金及び預金	借入金との相殺見込み額を控除。その他は、帳簿価額で評価
売掛金	回収不能と認められるものはゼロ評価。損害賠償等の主張を受けることも含め、回収可能性が低いものは、その可能性に応じて相当額を減額。その他は帳簿価額で評価
仕掛品	換価不能のため、ゼロ評価
貯蔵品	換価可能な価格で評価
前渡金	回収可能額で評価
前払費用	資産性がないため、ゼロ評価
立替金	回収可能額で評価
仮払金	同上
仮払税金	帳簿価額で評価
仮払消費税等	仮払消費税については仮受消費税と相殺
【固定資産】	
（有形固定資産）	帳簿価格の７０％掛けで評価。ただし、土地は鑑定評価額の７０％掛けで評価またリース資産はゼロ評価
（無形固定資産）	
電話加入権等	ゼロ評価
特許権	売却可能額で評価
ソフトウェア	ゼロ評価
（投資その他の資産）	
投資有価証券	上場株式については市場価格で評価。未上場株式については、時価評価
子会社株式	子会社の清算貸借対照表をベースに時価評価
差入保証金・敷金	原状回復費用を考慮して、ゼロ評価
長期貸付金	子会社分は清算貸借対照表を元に回収可能額を算定。その他は、個別に回収可能性を見積もって評価
負債の部	
【流動負債】	
買掛金	帳簿価額で評価
短期借入金	預金相殺見込額を控除
未払金	帳簿価額で評価
未払費用	同上
前受金	同上
預り金	同上
仮受金	同上
仮受消費税等	仮払消費税と相殺
【固定負債】	
長期借入金	帳簿価額で評価
退職給付引当金	基準日時点での退職金総額との差額を追加計上
リース債務	リース債務残高を計上

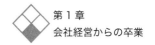

5　清算貸借対照表によって資産超過か否かを把握

清算貸借対照表を作成することによって、会社を実際に清算する際に、資産超過となるか否かを把握できます。

資産超過となる場合は、会社の債務を全て支払うことができます。そのため、債務の支払時期については債権者との協議が必要ですが、この点を除いては、基本的には、問題なく会社を清算することができます。

他方、資金繰りは確保できていたとしても、実際に清算する際には債務超過となる場合は問題です。会社の債務を全て支払うことはできないことになりますので、債権者に債務の一部カットをしてもらう必要が生じます。

仮に、債務超過の額が比較的少額であれば、債権者との個別交渉によって債務のカットを受けたり、経営者が私財提供するなどすれば、全ての債務を処理した上で清算結了が可能かもしれません。

しかし、債務超過額が多額であり、債権者の頭数も多い場合は、債権者との任意での協議による交渉は困難となるのが通常です。その場合は、廃業ではなく、倒産手続を選択して、裁判所へ申立てすべきことになります。

なお、清算貸借対照表における資産と負債の総額を元に計算することにより、仮に企業が倒産した場合の債権者への配当率を試算することもできます。

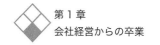

第２章

会社の相続で揉めないために

1　会社相続と骨肉の争い

日本の企業の多くは中小・零細企業であり、経営者＝株式所有者（＝会社所有者）というい わゆるオーナー経営者であることが多いのが現状です。

オーナー経営者に相続が発生すると、経営者が所有していた自社の株式も相続財産となり、相続で様々な問題が発生します。

ここでは、事例をもとに会社相続での問題点を整理してみます。

＜事例＞

経営者甲は、アパレル販売業A社と、アパレル製造業B社を経営しており、どちらも業績は好調です。甲の妻は既に他界しており、家族は長男（後継者）と、長女（後継者以外の相続人）です。甲は60歳と若く、まだまだ元気であるため、事業承継対策は全く考えていませんでした。

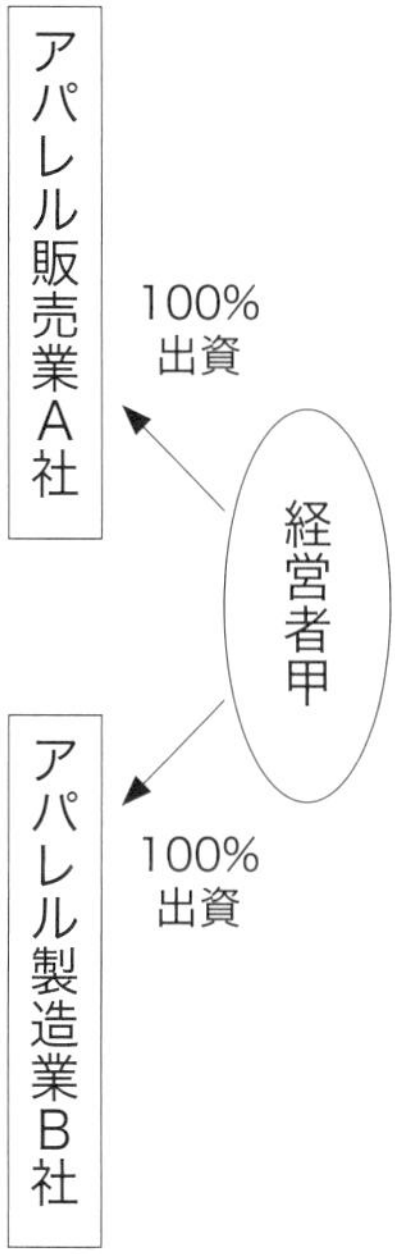

ところが、５年後、甲は突然の病により、他界してしまいました。

以下、相続時点の甲の遺産とその遺産に対する相続税です。

甲の遺産総額　４億5000円

Ａ社株式	３億円
Ｂ社株式	4000万円
自宅不動産	5000万円
金融資産	6000万円

この遺産に
対する
相続税

相続税

１億2900万円

＜対策をしなかったことによる問題点＞

項　目	問題点
①後継者の教育不足	甲の営業ノウハウ及び財務分析能力などの経営ノウハウを、後継者である長男に承継していなかったため、経営が不安定になってしまった
②遺言の準備不足	財産承継の準備をしていなかったため、長女が法定相続分（2分の1）の2億2500万円を主張したことにより、後継者である長男にA社及びB社の株式を承継することができず、遺産分割の話し合いすらできていない
③自社株式の評価額が高額	A社（評価額3億円）及びB社（評価額4000万円）の株式の評価額が高いため、遺産分割の成立が難しくなり、相続税が多額となった
④納税資金不足	相続税の納税の準備を事前にしていなかったため、納税資金が不足している（相続税1億2900万円であるが、金融資産6000万円）

↓ 結果として

相続人同士で骨肉の争いに発展することもあり、後継者である長男は事業の承継ができず、最悪の場合には、会社は清算することになる

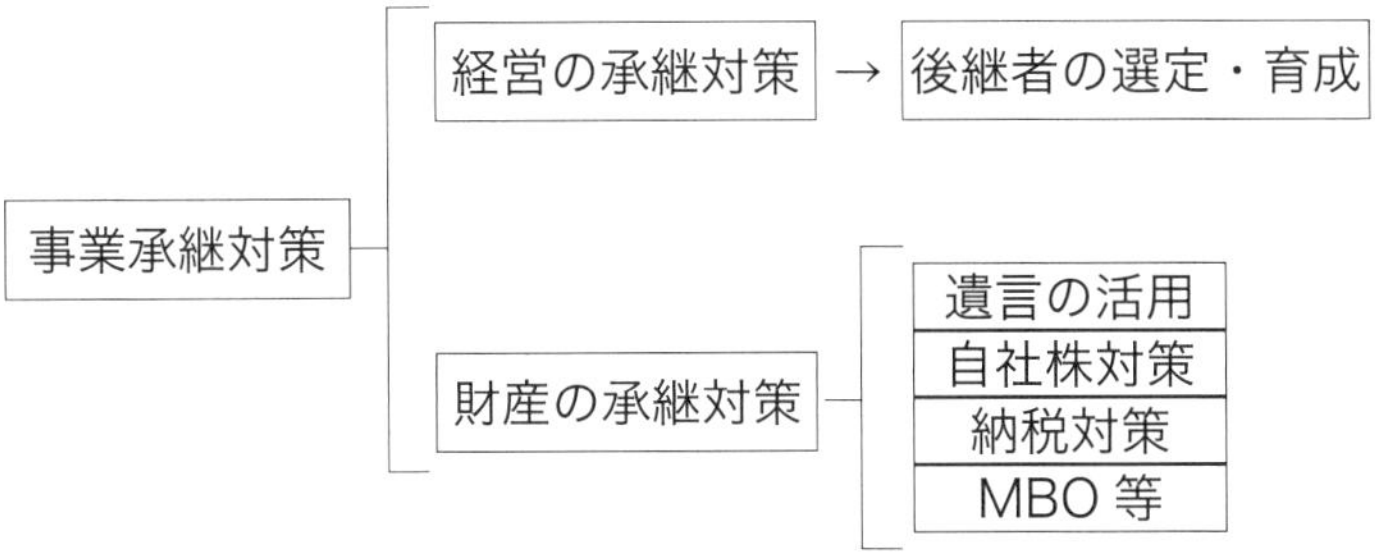

事業の承継とは、経営者から後継者への事業の引き継ぎをいいますが、この事業の引き継ぎには、「経営の承継対策」と「財産の承継対策」が必要となります。

「経営の承継対策」とは、経営者が後継者を選定して会社経営そのものを後継者に引き継ぐことをいいます。営業ノウハウ、外部の人脈、リーダーシップ、資金調達能力などの経営者の持っている経営ノウハウの引き継ぎが行われなければ、後継者による会社継続は極めて困難となります。

一方、「財産の承継対策」とは、自社の株式を後継者にスムーズに引き継ぐとともに、自社株以外の個人財産を相続人間で争うことなく、承継するための対策をいいます。財産の移転による相続税の圧縮及び納税対策も併せて考える必要があります。

このように事業承継対策は、「経営の承継」と「財産の承継」を一体で考えることが重要となります。

この章では、会社の相続で揉めないために、「経営の承継対策」である後継者の選定、「財産の承継対策」である、遺言の活用・自社株対策・納税対策・MBO等をわかりやすく解説していきます。

2 経営の承継対策（後継者の選定・育成）

1 後継者育成のポイント

教科書的には、後継者を早めに選定し、経営者になるための帝王学や会社のノウハウを勉強させ、外部（取引先、金融機関等）とのネットワークや、社内での存在感を確立させるために、事前準備を用意周到に行うことが大事とされています。

これ自体は間違いではありませんが、こういう手順を踏んだとしても必ずしも成功するとは限りません。実際は、経営者交代がうまくいかない事例が多く存在します。

以下、典型的な失敗事例を基に、重要ポイントを整理してみます。

失敗事例の原因分析

実際に、後継者選定や引き継ぎがうまくいかず、事業承継の後、結果として経営者（支配者）交代がきっかけになって、会社の経営に支障が生じるケースも見受けられます。

〈失敗事例１〉

会社概要

船舶関連業（創業60年の老舗企業）
年商30億円　従業員１５０名
８年前に創業者が死去、急遽ご子息が株式を相続で取得し、経営者となる
２代目現社長は現在68歳、後継者未定

問題点

・現社長は会社のビジネスを理解しておらず、管理能力も低い
・他の役員も機能しておらず、実質経営者不在で、仕事は現場任せ
・労働組合が強く、現場におけるモチベーションが著しく低い

結果

- 無気力社員が多く、効率悪く人件費を中心に高コスト体質、赤字継続
- やる気のある優秀な社員が退職、同時に顧客も流出し、売上半減
- 中長期的な指針がなく、場当たり的な対応に終始
- 現在、外部から経営層を招へいし、抜本改革に着手
- 今のところ、次の後継候補者は無い

〈失敗事例2〉

会社概要

繊維関連製造業（創業80年の老舗企業）
年商60億円　従業員300名
68歳の2代目社長が代表者。2代目が会社規模を大幅拡大安定化、海外進出
金融機関出身の長男（36歳）を後継者として早くから指名、今期社長に就任、前代表は会長へ。会社には、他に、次男と三男がいる

問題点

- 長男は会社に入ってから日が浅く、強みやビジネスを理解していない
- 当初から社内に入っている次男、三男と仲が悪い
- 会社のノウハウを熟知している幹部社員への処遇や説明が不足

結果

- 現社長が現会長の経営手法と組織を踏襲したが、コントロールできず
- 幹部社員の不満が噴出、経営陣の意思疎通が希薄化
- 社長の経営能力に対する悪い評価が取引先に広がり、業績低迷
- 事態収拾を図るため、会長が社長に復帰

上記の2つの失敗事例の原因を整理すると、次のような類型に分けることができます。

1. 準備不足（1、2）
2. 不適任な後継者選定（1、2）
3. 引き継ぎ意思が不明確（1）
4. 後継者に対する過度な期待（現社長と同様のスタンス、2）
5. 引退後も積極的に経営に関与（2）

これらの失敗原因は、解決策を考えるうえでそれぞれ独立した問題ではなく、実は相互に密接に関連しています。というのも、現経営者が、後継者の適性や個性を尊重して、引継ぎ準備期間における関与度合をバランスよく実行していけば、不適任と思われていた後継者も適任者となりうる可能性が十分にあると言えるからです。

こうして見ていくと、後継者育成は、2つのプロセスに整理することができます。

後継者育成の2つのプロセス

後継者育成プロセスには、後継者選定プロセスとその後の引き継ぎ実行プロセスがあります。理解を容易にするため、あえて2つに単純化していますが、実際は、この双方を同

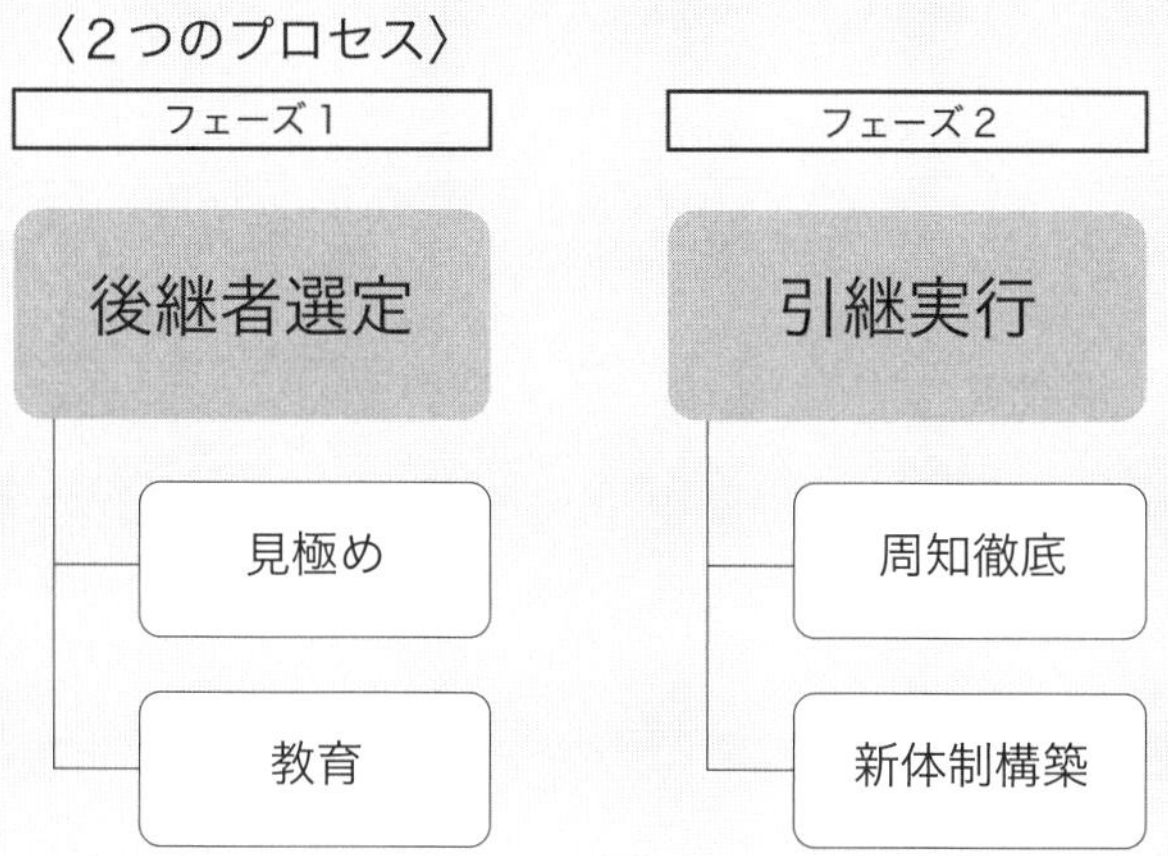

後継者育成の2つのプロセス

時進行で実施することも多いと思います。

2　後継者は誰がいいのか？

現経営者と同じ考え方を持つ人物を選定しようとすると、なかなか適任者を見つけることが難しくなります。経営者が100人いれば100通りの経営手法があり、その経営手法を実行するために、それにふさわしい組織体制をカスタマイズして構築しているはずです。

後継者の条件として、大切なのは、会社の強みを理解して実践できる人であり、激しい経営環境の中で適時に施策を実行できる、そうした変化への感度の高い人だといえます。

別の視点として、現経営者との関係があります。納得感や安定感を考えると、まず筆頭の後継者候補は、現経営者のご子息等の親族関係者であることは多くのケースで当てはまることだと思います。次に、会社のことを熟知した幹部クラスの第三者が候補となり、この属性でも後継者が見当たらない場合、会社外部の第三者をスカウトするとか、会社そのものをM&A（売却）するなどの選択肢が出てきます。

また、後継者育成または見極めまで時間を要するような、経営者交代までに少し期間が必要な場合、3年から5年程度、企業投資ファンドのような投資機関に時限的に経営を委ねるケースもあります。将来株式公開を予定しているような会社については、こうした投資の受け入れも効率的に活用して、将来設計を組み立てることも考慮に入れることができます。

3　いつがいいのか？

安定的な経営引き継ぎ期間として2～3年程度を考慮し、現経営者の引退予定年齢から逆算することが最も分かりやすいと思いますが、実際は、後継者の年齢や社内での実績作り、会社の業績や経営環境の安定期、役員の任期や税制上の有利な株式（支配権）移転のタイミングとの組み合わせなど、考慮すべき点はいくつもあります。

企業の創業何周年記念に合わせるなど、イベント等の演出を入れると対外的なアピールにもなり、効果的に世代交代を実現することもできます。

いずれにせよ、上記のような考慮要素を十分勘案したうえで、後継者に経営を託す上で重要なのは、現経営者が対外的（社内、社外）に経営者交代に関する明確な意思表示をすることです。経営者交代の引き継ぎは、全てそこからスタートすると言っていいでしょう。

4　後継者育成を成功させるには

今までの後継者育成を成功に導くための重要ポイントを整理すると、後継者選定と引き継ぎ実行のそれぞれについて、次のようにまとめることができます。

〈後継者選定〉

1. 会社の強み（ノウハウ）を理解習得させる
2. 現場経験の積み重ねで社内での地位を確立
3. 他の会社での業務経験や経営塾等の参加は、広い視野を持つための機会にすぎない
4. 人柄、人格を磨く

〈引き継ぎ実行〉

1. 引き継ぎ後の経営ビジョン、将来計画、組織等は、後継者に描かせる（オーナーは調整役に徹する）
2. 支配権の源泉である株式や役員の地位の移管等は、会社実態に合わせたタイミングが重要
3. 引き継ぎの意思表明は明確に

下記に示すような典型的な成功事例では、上記のようなポイントについて、時間をかけて周到に準備され、対外的なアピールも同時並行で効果的に進められており、是非参考にしていただきたいと思います。

〈成功事例1〉

会社概要

自動車関連部品製造業
年商70億円　従業員２８０名

前社長（2代目）は68歳（当時）時に後継者（長男）に代表権と株式を移管
現社長は代表就任後3年目

成功ポイント

- 現社長は早くから会社ノウハウの源泉である製品開発及び製造の技術を工場で習得、実務に習熟
- 10年前から次期後継者の指名を社内外に周知
- 役員就任は代表就任の5年前、親族的な特別扱いを極力排除
- 支配権の源泉である株式の移管は、代表就任の直前
- 次男、三男の社内における役割も明確

結果

- 現社長代表就任後、新体制による風通しの良さもあり、業績向上
- 前社長の退職金支給による株価引下げ等、相続税対策も実行
- 現社長と他の役員との関係も良好

〈成功事例2〉

会社概要

建設機械関連製造業
年商50億円　海外子会社12億円、従業員250名
創業者は70歳（当時）時に後継者（長男）に代表権と株式を移管
現社長は代表就任後2年目

成功ポイント

- 現社長は早くから会社ノウハウの源泉である実務に習熟
- 10年前から工場長として現場指示を実施
- 従来から営業系の役員を除き親族のみで経営
- 代表就任の3年前から、実質経営に関与、新組織、新システムを立上げ
- 創業者は、社内のやり方に極力口出しせず、対外的な役割に徹する

結果

・外部環境変化に伴い、海外取引の比重を高め業績向上
・前社長の退職金支給による株価引下げ等、相続税対策も実行
・創業者は、当初2年で相談役に退き、その後完全引退

3 財産の承継対策

自社の株式を後継者に承継する場合、後継者が円滑に経営できるだけの経営権を集中させることが重要です。事業承継における経営権とは議決権の集中のある株式を一定割合以上保有し会社を支配している状態をいいます。

一般に非上場株式を発行する会社は、信用力や担保力といった点で銀行等からの資金調達に際して、会社の利益を内部留保する傾向があり、いざ事業承継を検討しようとした際

に非常に高い株価になっていることもあり、後継者に経営権を確保することを考えた場合には自社株式の対策は避けて通れないものです。

前項において「後継者の選定・育成」についてのポイントをご紹介させていただきましたが、親族内に後継者がいる場合に問題となるのは、後継者が円滑に経営できるだけの株式を後継者に集中させること、そして、これを実行するための後継者以外の相続人への配慮がポイントとなるため、生前に遺言を作成する必要があります。

また、自社株の評価方法を把握した上で評価額の引下げを検討し、引下げを行った後に株式を移転させることが可能となれば、後継者に相続等する場合の負担を減らすことができます。その際には、金融資産等の納税資金が潤沢に準備されているかを把握する必要もあるため、まず現状ならば相続税がいくら課税され、納税資金がどれくらい準備されているか現状を正しく把握する必要があります。そして、納税資金が足りない場合には、準備に相応の期間を要するため最適な方法をプランニングすることが重要となります。

また、親族内に適任な後継者がいない場合には、ＭＢＯ等を行い親族以外（役員、従業員等）に株式を承継することも考えられます。

後継者への株式の承継に関し以下において「遺言の活用」「自社株対策」「納税対策」

「ＭＢＯ等」の概要及びポイントをご紹介いたします。

▼1　遺言の活用

民法では、遺産分割の1つの基準として法定相続分が定められていますが、被相続人（経営者）の財産処分の意思を尊重するため、遺言制度が認められています。

被相続人（経営者）が自己の所有する財産の承継に関する意思表示を行わないまま死亡し相続が発生した場合、遺産分割は共同相続人の協議によって行われます。

しかし、財産を構築した被相続人（経営者）が、各相続人への財産の配分を決めないで亡くなった場合には、自社株式を含めた財産の帰属が長期間決定しない、いわゆる相続トラブルに発展してしまうケースも見受けられます。

自社株式を誰が承継するのかが決定されないことにより、事業が停滞し、結果として事業の継続が困難になることもあります。

相続トラブルを回避して、スムーズに後継者に事業の承継をするためにも遺言の活用はとても重要となります。

1　後継者への自社株式及び事業用資産の承継

後継者を選定して、経営者としてのノウハウを後継者に承継することができた場合、そのノウハウを承継した後継者は、会社経営で様々な意思決定を行うことになります。会社経営において、後継者が迅速な意思決定を行うためには、後継者に自社株式の議決権を集中することが必要です。

また、会社に賃貸している経営者個人が所有している工場用敷地などの不動産を後継者以外の相続人が承継してしまうと、経営が不安定となる可能性があります。

自社株式や工場用敷地などの不動産の相続税評価額が高額になればなるほど、相続人間での遺産分割協議がまとまりません。

親（経営者）の意思である遺言により、自社株式や工場用敷地などの不動産を後継者に集中させることで、相続トラブルを防止することができ、後継者は事業をスムーズに承継することができます。

自社株式・工場用敷地などの不動産の相続税評価額が高額

⇦ 配偶者や子が遺産の分割を決める

遺産分割 ⇦ 分割が決まらない ⇦ 相続する人間での争いに発展 ×

⇦ 親（経営者）が遺言により遺産の配分を決める

遺言 ⇦ 自社株式などを後継者に承継 ⇦ スムーズな事業承継 ○

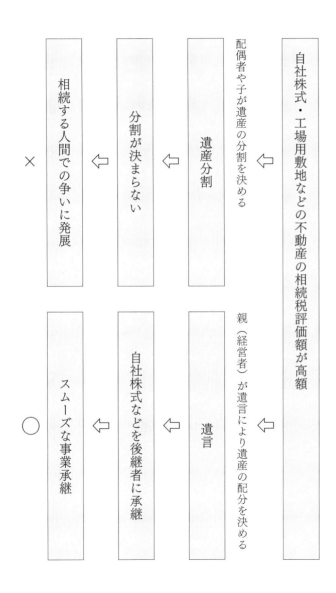

2　後継者以外の相続人への財産の承継

自社株式や工場用敷地などの相続税評価額が高額となり、かつ、それらの財産を後継者に集中させると、後継者と後継者以外の相続人間で承継する財産がアンバランスになることがあります。

そのため、あらかじめ経営者の個人財産を把握しておき、後継者だけでなく、後継者以外の相続人についても、承継する財産を選定して、配分を考えておくことが重要となります。

また、財産をバランスよく配分するのが難しい場合でも、最低でも遺留分には注意し、遺言書作成時に遺留分相当額は後継者以外の相続人が相続できるよう配慮する必要があります。

なお、遺留分とは推定相続人の相続に対する期待権を保護するための制度であり、相続人が配偶者や子の場合の遺留分の割合は、法定相続分の2分の1となります。兄弟姉妹には遺留分はありません。

親（経営者）の遺産総額　４億円

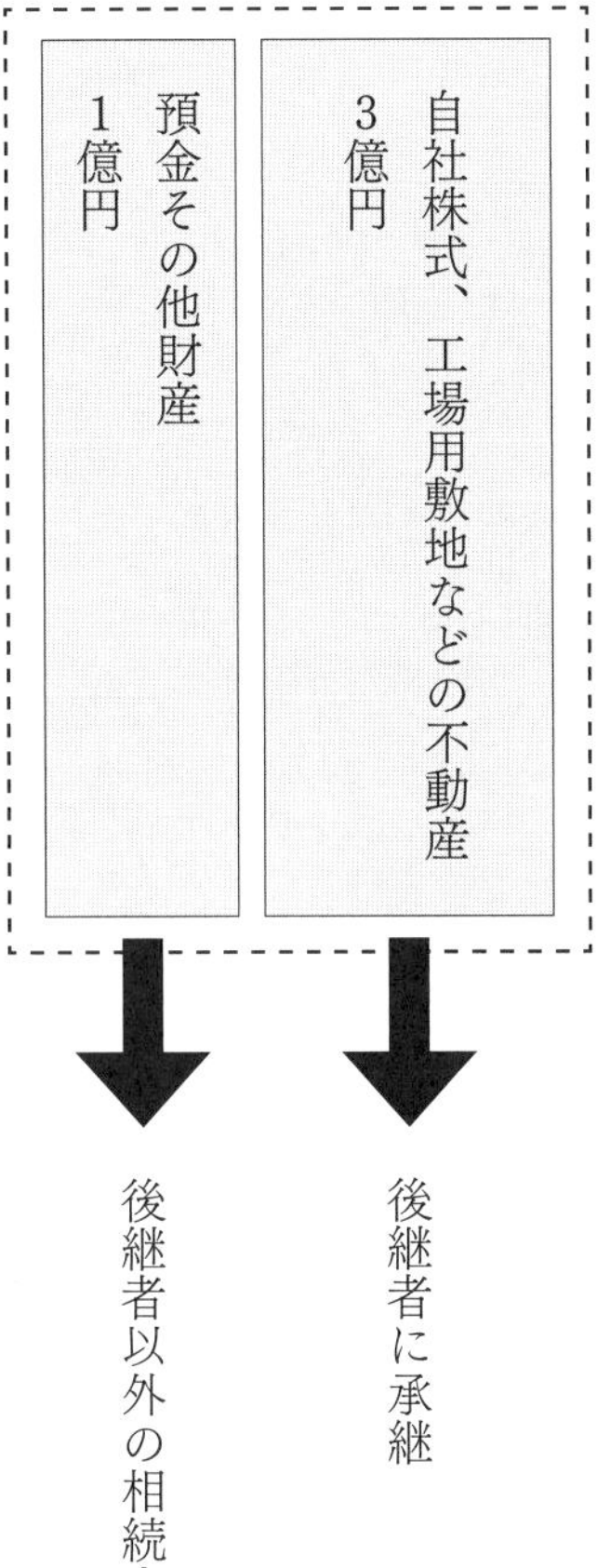

〈ポイント〉

１．あらかじめ親（経営者）の遺産の種類及び総額を把握し、遺産の配分方法を決めておく

２．各相続人の遺留分に注意する

法定相続人が長男（後継者）と長女（後継者以外の相続人）と仮定した場合

遺留分　４億円×１／２×１／２＝１億円

＜遺言公正証書の例＞

遺言公正証書

本公証人は、遺言者の嘱託により、2014年10月14日、証人の立ち会いのもとに、次のとおり、遺言書を口述した遺言の趣旨を筆記してこの遺言を作成する。

（遺言の趣旨）

第１条　私がこれまで順風満帆な人生を送ることができたのは、ひとえに長男及び長女の２人の支えがあったおかげです。

特にお母さんが亡くなり、体調を崩してからは、私の体調を心配し、面倒を看続けてくれたことに、心から感謝をしています。

いままで本当にありがとう。

たった２人の私の大事な息子と娘です。これからもずっと２人仲良く、お互いを助け合っていくことを願い、この遺言書を作成します。

なお、会社の株式については、会社の後継者である長男が承継するため、財産が不均等になりますが、長男はこれから会社の経営の様々な困難に立ち向かうことになります。長女はどうかその事を理解してあげて下さい。

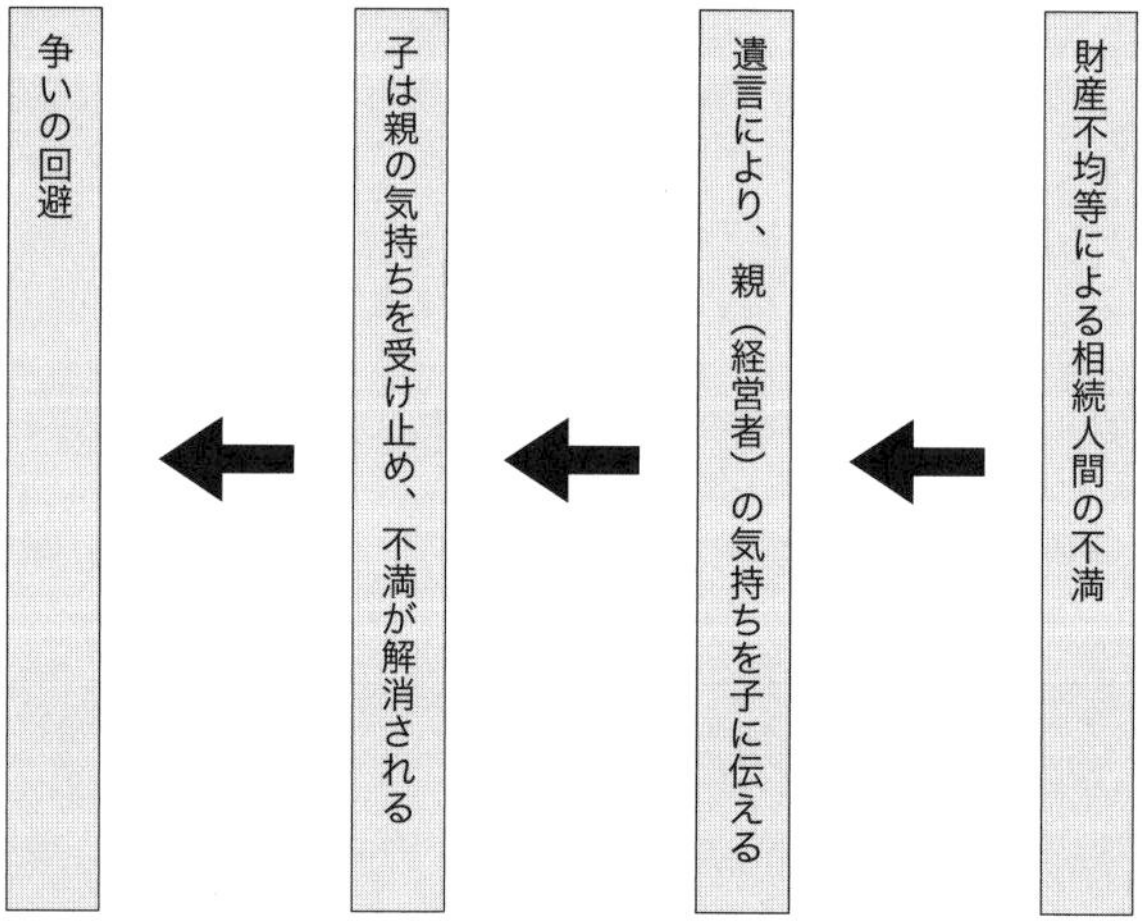
財産不均等による相続人間の不満
遺言により、親（経営者）の気持ちを子に伝える
子は親の気持ちを受け止め、不満が解消される
争いの回避

3 親（経営者）の想いの承継

遺言書の作成で、最も大事なことは、親（経営者）の想いを配偶者や子に伝えることです。

そもそもの遺言の内容の趣旨や、親として今までの感謝の気持ちをしっかりと伝えることで、仮に財産の配分が不均等になり遺留分を侵害することになっても、子は親の想いを受け止めて、争うことなくスムーズに財産承継される例が多いようです。

▼2 自社株対策

1 概要

自社株の対策は、1株あたりの株価を引下げる対策と所有する株式数を減少させる対策の大きく2つに分けられます。自社株の評価方法を把握した上で評価額の引下げを行い、引下げを行った後に株式を移転させることが一般的な自社株対策の流れになります。

オーナーが事業承継を進める時に、後継者に自分の所有する株式を譲ろうとしても高い株価が障害となり、思うように株式を移行できないといった状況とならないよう、時には専門家の力を借りて事前に、そして計画的に対策を講じる必要があります。

2 株式評価

非上場株式は、その株式を所有する者の会社内における影響力（株主間の続柄、株式所有割合、役員か否か）等により評価方法が異なり、大きく原則的評価方法と特例的評価方法の2つに分けられます。会社に影響力を及ぼすことができるオーナー（同族株主）などが所有する株式は原則的評価方法で評価を行い、会社経営に影響力を及ぼさない少数株主が所有する株式は特例的評価方法（配当還元方式）で評価を行います。一般的に特例的評価方法は原則的評価方法に比べ、評価額は低

原則的評価方法	特例的評価方法（配当還元方式）
会社に影響力を及ぼすオーナーの一族	会社に影響力を及ぼさない少数株主

※一般的に原則的評価方法の方が評価額は高くなる

い傾向にあります。

（1）原則的評価方法

会社の支配権を有する株主における原則的評価方法は、税法上、「大会社・中会社・小会社」に区分され、その会社の規模に応じて類似業種比準価額方式と純資産価額方式、もしくは両者の併用方式のうち、いずれかにより株価を評価することになります。社歴が古く内部留保が多い会社においては、類似業種比準価額方式で評価した評価額が低くなることが一般的です。

①類似業種比準価額方式

国税庁から発表される事業の内容が類似する上場会社の平均株価を基に、1株あたりの「配当金額」「年利益金額」「純資産価額」の3つの要素を比準させて評価会社の株価を計算する方法

②純資産価額方式

評価時点における会社の純資産を相続税評価額を基に計算する方法

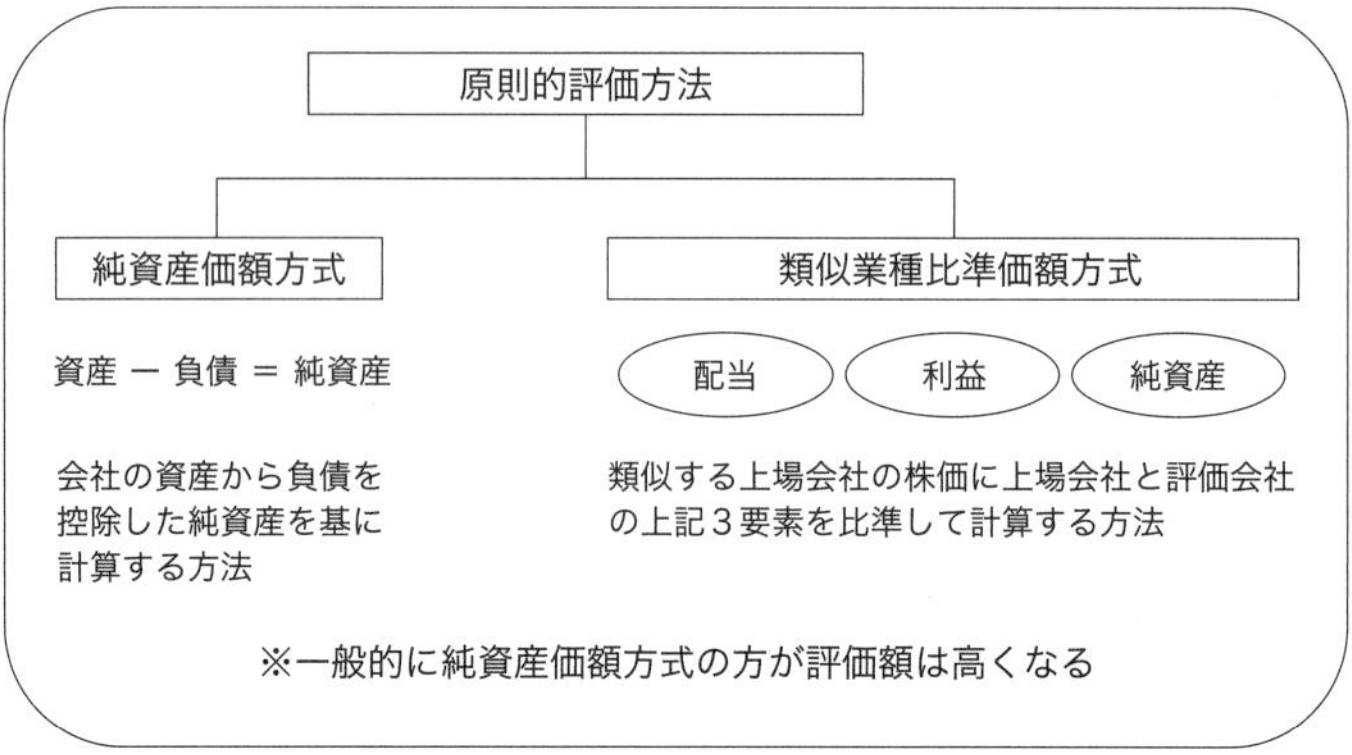

株式評価額のイメージ

※ケースにより異なる場合があります

③併用方式

類似業種比準価額と純資産価額とを会社の規模に応じた割合で組み合わせて計算する方法

（２）特例的評価方法（配当還元方式）

評価会社の１株あたりの年配当金額を基に株価を計算する方法です。１株あたりの年配当金額は、記念配当や特別配当を除いた直前期末以前２年間の配当金額平均により計算します。

３　自社株の株価引下げ対策

株価の引下げ方法としては評価方法を変更して引下げを行う方法と株価そのものを引下げる方法があります。

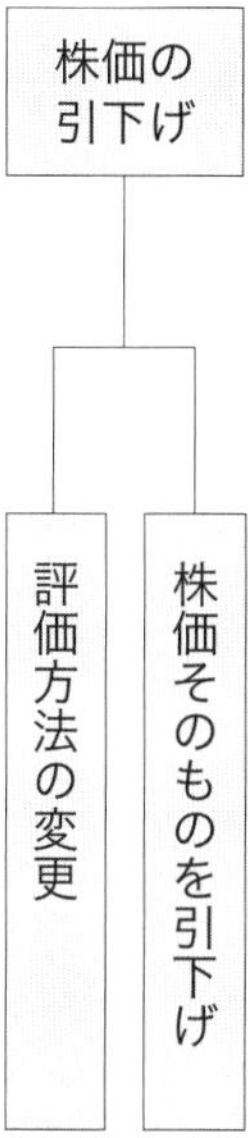

（1）会社規模変更による引下げ〈評価方法の変更〉

類似業種比準価額方式による株価の方が、純資産価額方式による株価よりも低い場合、類似業種比準価額方式による評価の割合を高めることで株価を引下げることができます。

会社規模により類似業種比準価額の割合が異なることから、税務上の大会社に近ければ近いほど類似業種比準割合の要素が高まるため、会社規模を引上げることにより株価の引き下げが可能となります。

例えば、類似業種比準価額方式による株価が3000円、純資産価額方式による株価が10000円で、会社規模が中会社の大と判定される会社の株価は次のように算定されます。

①折衷方式　3000円×90%＋10000円×10%＝3700円
②純資産価額方式　10000円
③3700円　＜　10000円　∴株式評価3700円

税務上の会社規模は従業員数、取引金額や総資産額によって判断されるため、これらを

会社規模				大会社	中会社			小会社
					大	中	小	
右記3つの評価方法の選択適用	①	類似業種比準価額		100%	-	-	-	-
	②	折衷方式	類似業種比準価額	-	90%	75%	60%	50%
			純資産価額	-	10%	25%	40%	50%
	③	純資産価額		100%	100%	100%	100%	100%

会社規模の引上げ策

従業員数を増加させる
売上高を増加させる
総資産を増加させる
→ 会社規模の変更 → 類似業種比準価額を使用できる割合増加 → 株価の引下げ

増加させることで会社規模を変更し、株価の引下げが可能となります。合併や事業譲渡などはその最たるものと考えられます。

　したがって上記の会社を大会社に変更することが可能であれば、株価は類似業種比率価額の3000円純資産価額10000円と比較して、類似業種比率価額の方が低いため株価は3000円となり、株価の引下げが可能となります。

（2）純資産価額の引下げ〈株価そのものの引下げ〉

①損失の実現

　評価会社の純資産価額を減少させることで評価の引下げを行います。その方法としては下記の事項などが考えられます。

退職金の支払、不良債権処理、含み損のある不動産やゴルフ会員権などの動産の売却、使用していない減価償却資産の除却等

オーナーへの早期退職金の支払いは多額になることから、純資産価額の引下げとしては効果的ですが、実際に退職することが必要になります。また、オーナーに支払われる退職金は金融資産であるため、このままでは相続税の節税にはなりません。したがって、次の資産の組み替えによる対策が有効となります。

②資産の組み替えと相続税評価額との評価差額を活用

代表的なものとして不動産投資が挙げられます。賃貸不動産を購入することによる建物の貸家評価と土地の貸家建付地《かしやたてつけち》評価による評価減を活用した対策を行います。

会社が不動産を取得した場合は、取得後3年間は時価評価となりますので、3年間は上記の評価減による株価対策は期待できません。

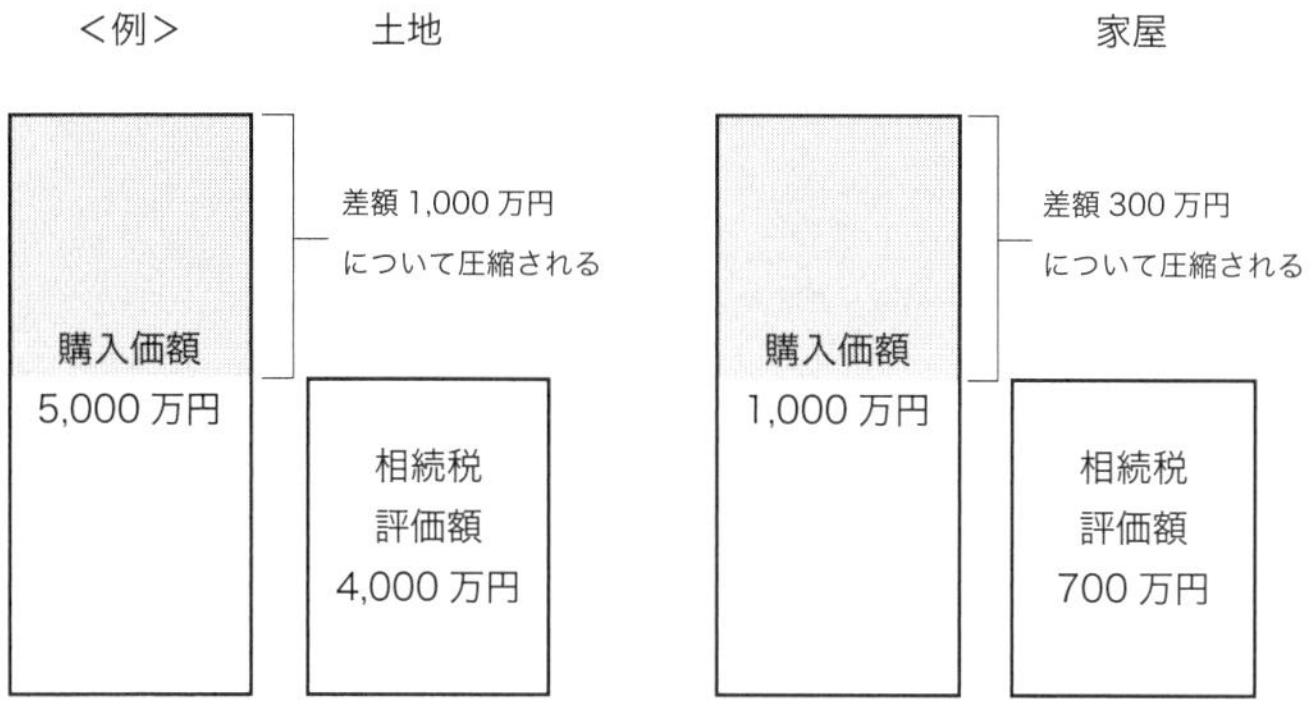

※不動産を購入したことにより、現預金 6,000 万円が 4,700 万円まで圧縮される。

（3）類似業種比準価額の引下げ〈株価そのものの引下げ〉

①事業種目変更による引下げ

類似業種比準価額は国税庁から発表される事業の内容が類似する上場会社の平均株価を基に計算されます。兼業している場合には総売上高の占める割合を変更することにより、占める割合が低い価額の事業の売上高を高め、類似業種比準価額を引下げます。その他、合併や会社分割、事業譲渡等により業種の変更を行うことで株価の引下げを行う方法もあります。

②配当による引下げ

総売上高の占める割合が50%超の業種の株価を使用

業種	売上構成比
不動産賃貸業	52%
卸売業	45%
その他	3%

※不動産賃貸業による上場会社の株価を使用

↓

業種	売上構成比
卸売業	51%
不動産賃貸業	44%
その他	5%

※卸売業による上場会社の株価を使用

※結果として不動産賃貸業の株価より卸売業の株価が低ければ評価の引下げにつながる

類似業種比準価額の計算要素である「配当」の配当率を抑えることにより、株価を引下げることができます。ただし、2年間無配とし1株あたりの配当をゼロにしてしまうと、他の比準要素の金額が同じようにゼロであるときは、後に記載するように特定の評価会社に該当し、純資産価額方式による評価となってしまいます。したがって、逆に株価が上がってしまう可能性がありますので、注意が必要です。

③利益による引下げ

類似業種比準価額の計算要素である「利益」を抑えることにより、株価を引下げます。

内容は上記（2）の純資産価額の引下げと

同じになります。

類似業種比準価額による評価は、直前期の決算書に基づいて評価を行います。したがって、類似業種比準価額の対策を行った翌事業年度中が株式を移転するタイミングとしてはベストとなります。

（４）特定の評価会社に該当する場合の留意点

非上場会社の中には、休業中の会社や、会社の保有資産のうち土地や株式の割合が高い会社等、独自の特殊事情がある会社もあります。これらの会社（特定の評価会社）にも一律に、上場会社の平均株価を基に算定される類似業種比準価額を株価に反映させることは合理的ではありません。したがって特定の評価会社の株式は、原則として所有資産の価値を株価に反映させる純資産価額方式により評価することになります。

一般的に非上場株式の評価額は、社歴が古く内部留保が多い会社においては、類似業種比準価額方式による評価額より、純資産価額によった評価額の方が高くなることが多いので、特定の評価会社に該当する場合には、会社の特殊事情に応じた対策の検討が必要です。

特定の評価会社（原則として純資産価額方式による評価が適用される場合）

①開業後3年未満の会社：評価時期において開業後3年未満の会社

②休業中の会社　　　　：評価時期において休業している会社

③土地保有特定会社　　：評価会社の資産構成の中で土地の占める割合が大きい会社

④株式保有特定会社　　：評価会社の資産構成の中で株式の占める割合が大きい会社

⑤類似業種比準価額方式で各比準要素がすべてもしくは2つゼロの場合の会社

4　株式移転対策

（1）生前贈与（暦年贈与）

株式対策に限らず基本的な相続税対策として、贈与税のかからない基礎控除110万円を活用して毎年贈与する方法があります。株式の場合は上記の方法などで評価された株価が贈与税の課税対象となります。贈与する場合には、将来の相続税を見積もり、その相続税の税率を下回る範囲での贈与を毎年行うと効果的です。この110万円の基礎控除額は毎年使用できるため、毎年計画的に贈与を行うことは非常に有効な節税対策の1つといえます。そのためには、ある程度の時間をかけて相続対策を行うことが必要です。

（2）相続時精算課税での贈与

相続時精算課税制度は60歳以上の直系尊属（父母・祖父母）から20歳以上の子（孫）へ贈与を行った場合に届け出を行うことで適用可能になります。この制度は生涯2500万円まで贈与税がかからない代わりに（2500万円を超えると一律20％の贈与税がかかります）、この制度を適用した贈与者（特定贈与者）が亡くなった際の相続税申告時にこの制度により取得した財産を必ず贈与時の価額で相続税の課税財産として加える必要があることが特色です。この制度を適用した年分以降、特定贈与者からの贈与はすべて相続時精算課税が適用されることになり、撤回ができないことから、特定贈与者からの贈与については暦年課税による110万円の控除が適用できないこととなります。

所有している株式が将来大幅に上昇することが確実と見込まれているような場合には、この制度を活用することにより、贈与時の評価額と相続時の評価額の差額が圧縮できるため、効果的です。

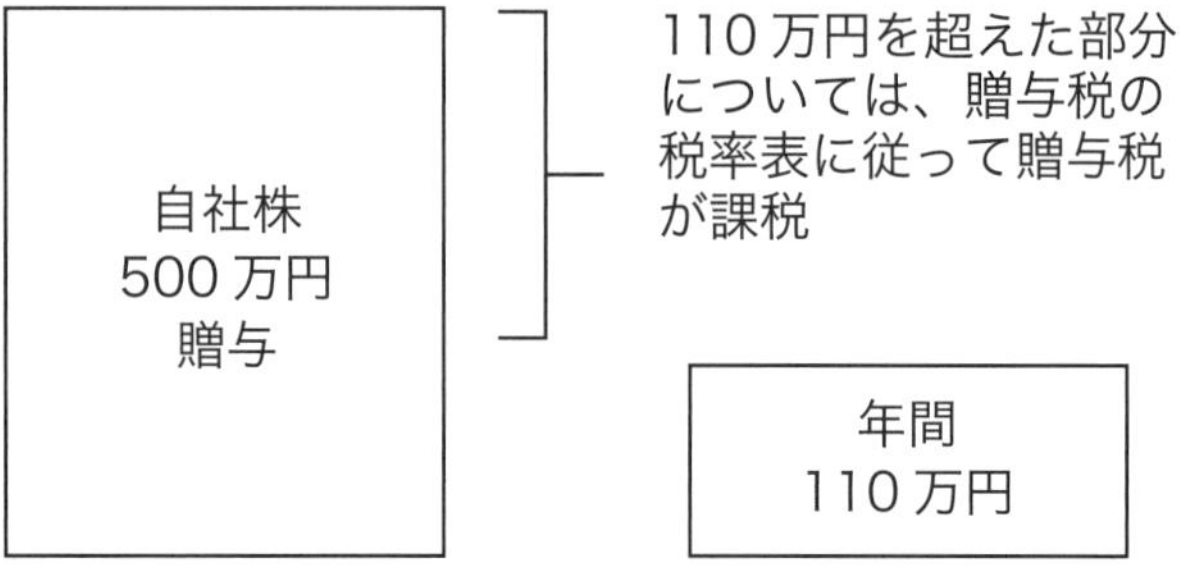

暦年課税

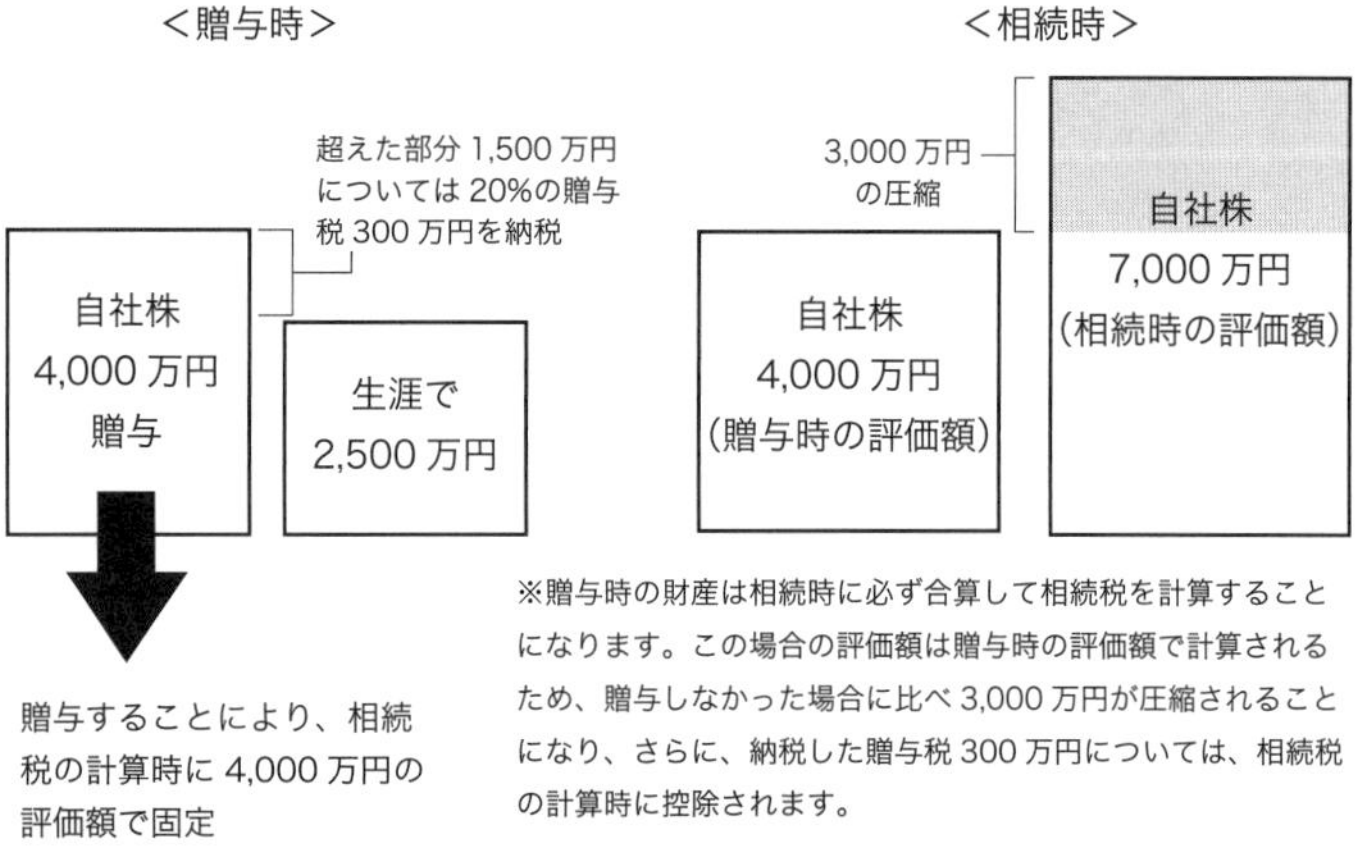

相続時精算課税

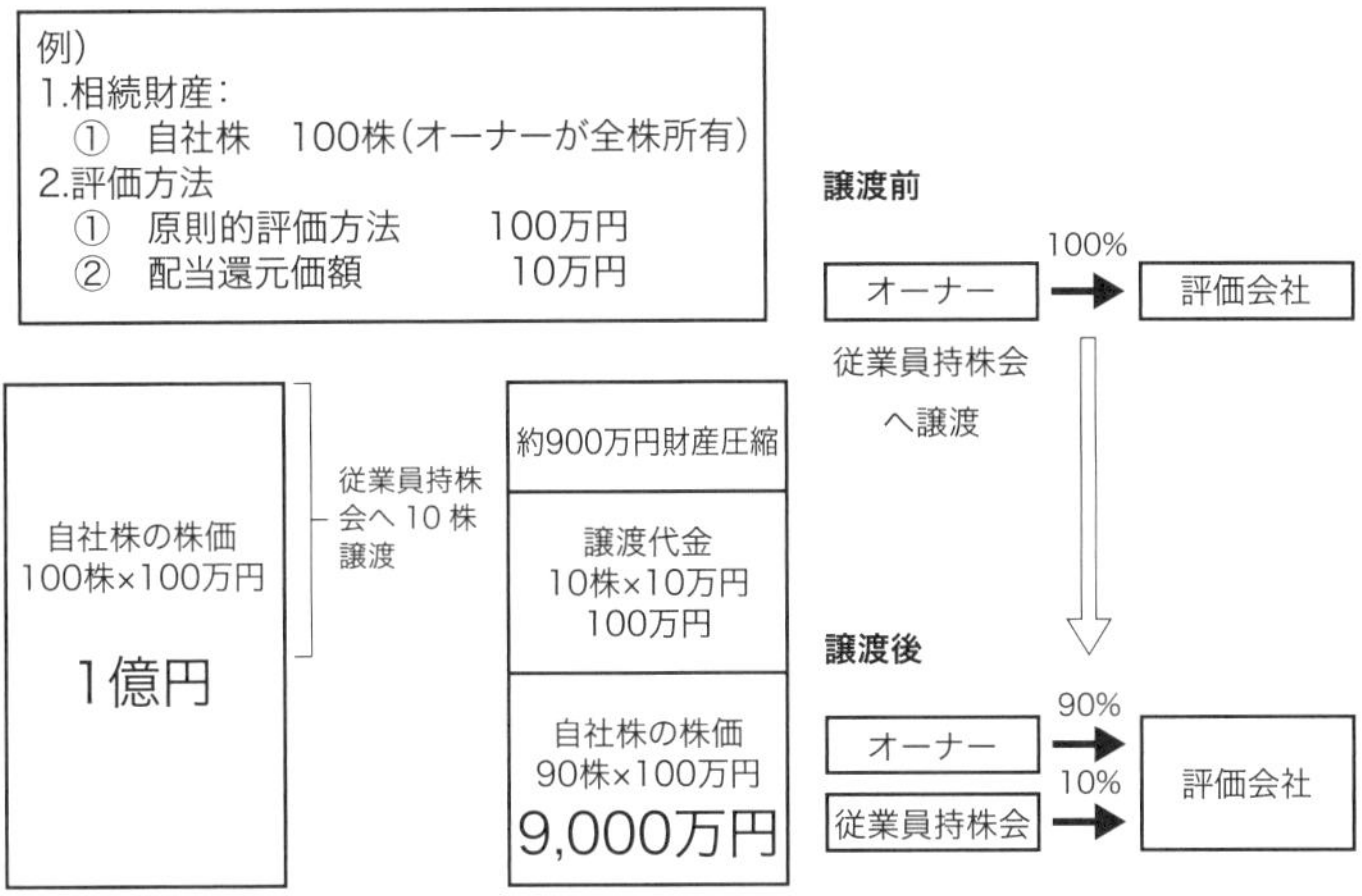

（3）従業員持株会の活用

従業員持株会は従業員に主に経営参画意識を持ってもらう制度で、会社が奨励金の補助を行ったり、将来株式公開を計画している場合には従業員の財産形成にも役立ちます。経営に支障がない範囲内で株式分散を図ることで、相続財産を減少させる有効な対策にもなります。従業員持株会への譲渡は原則的評価方法よりも一般的に評価額が低い、配当還元方式による評価額で譲渡することができます。

相続財産である株式を比較的容易に減少できるメリットがある反面、従業員が退職した場合など株式の社外流出を防止する対策や、少数株主権による帳簿閲覧請求権等が行使される可能性があるため、従業員持株会制度の導入にあたっては、規約の作成等、十分な検討が必要になります。

（4） 資産管理会社の活用

オーナーの後継者が資産管理会社を設立し、その会社がオーナーの株式をすべて買い取ることでオーナーの株式を移転させます。この対策ではオーナーの株式が現金に変わるため、現金を有効活用した相続税対策が可能となりますが、株式を移転するためのコストが膨大に発生することになります。したがって相続税の軽減効果を株式移転コストと比較することが重要です。株式を移転する方法として、譲渡のほかに株式交換、株式移転、現物出資及び会社分割などが考えられます。また、資産管理会社は総資産の占める割合のうち、株式を所有している割合が高くなることから特定の評価会社（株式保有特定会社）に該当する可能性が高いため、原則として純資産価額で評価されることが多いことに注意が必要です。

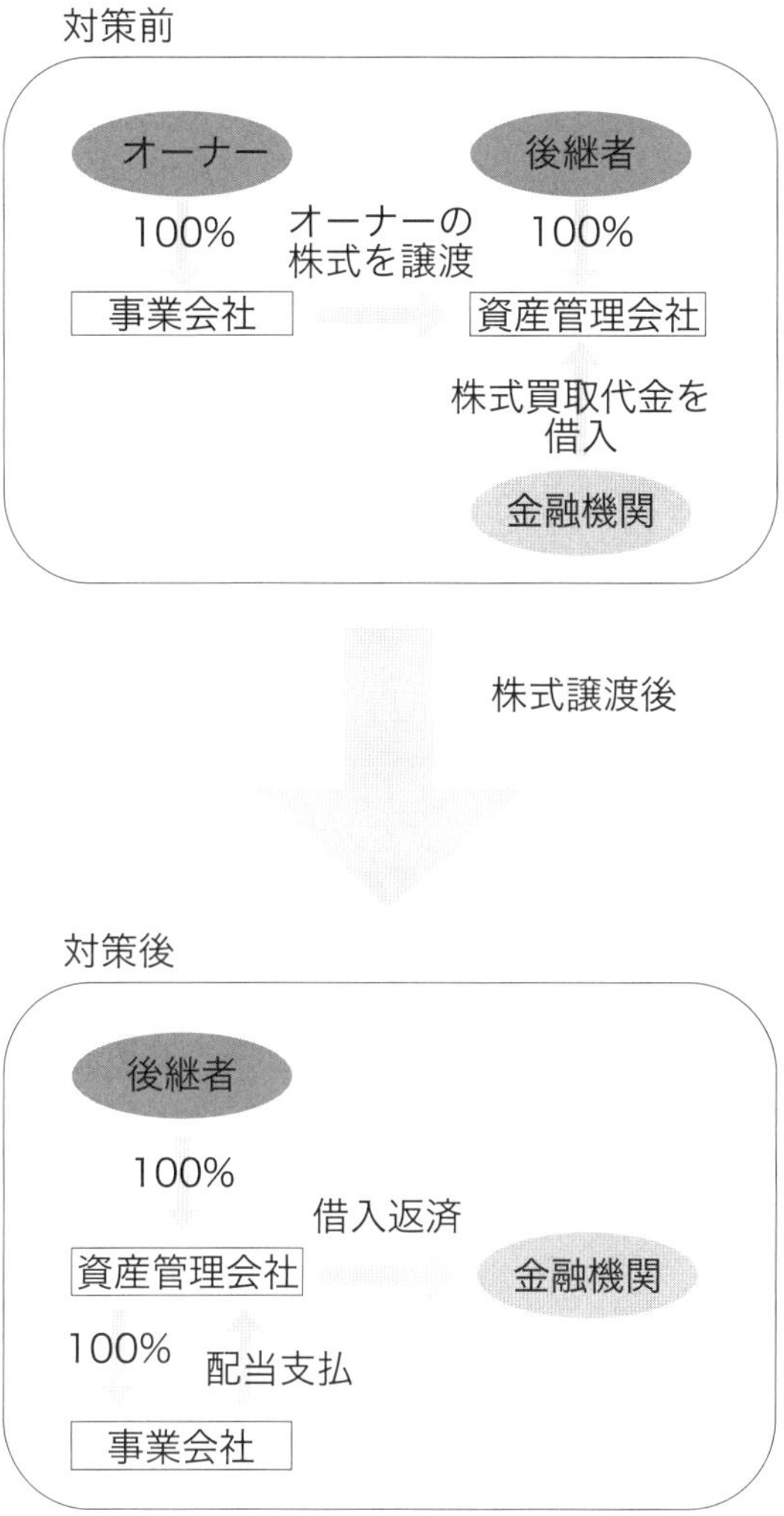
対策前
オーナー
後継者
100%
オーナーの
株式を譲渡
100%
事業会社
資産管理会社
株式買取代金を
借入
金融機関
株式譲渡後
対策後
後継者
100%
借入返済
資産管理会社
金融機関
100%
配当支払
事業会社

5　その他の対策

（1）事業譲渡と会社分割

高収益部門である事業を後継者が株主とする会社へ譲渡する方法です。高収益部門が生み出す利益は時間の経過とともに会社へ蓄積されるため株価が高くなります。株価上昇を抑えるために事業利益を抑えることは本末転倒となるため、ここで有効な対策としては後継者が新たに会社を設立し、その会社に高収益部門の事業譲渡若しくは会社分割により高収益部門を移転する方法があります。その結果、オーナーが保有する株式の発行法人は、それ以後の利益は大幅に減少し、内部留保される利益が抑えられ株価の引下げにつながります。

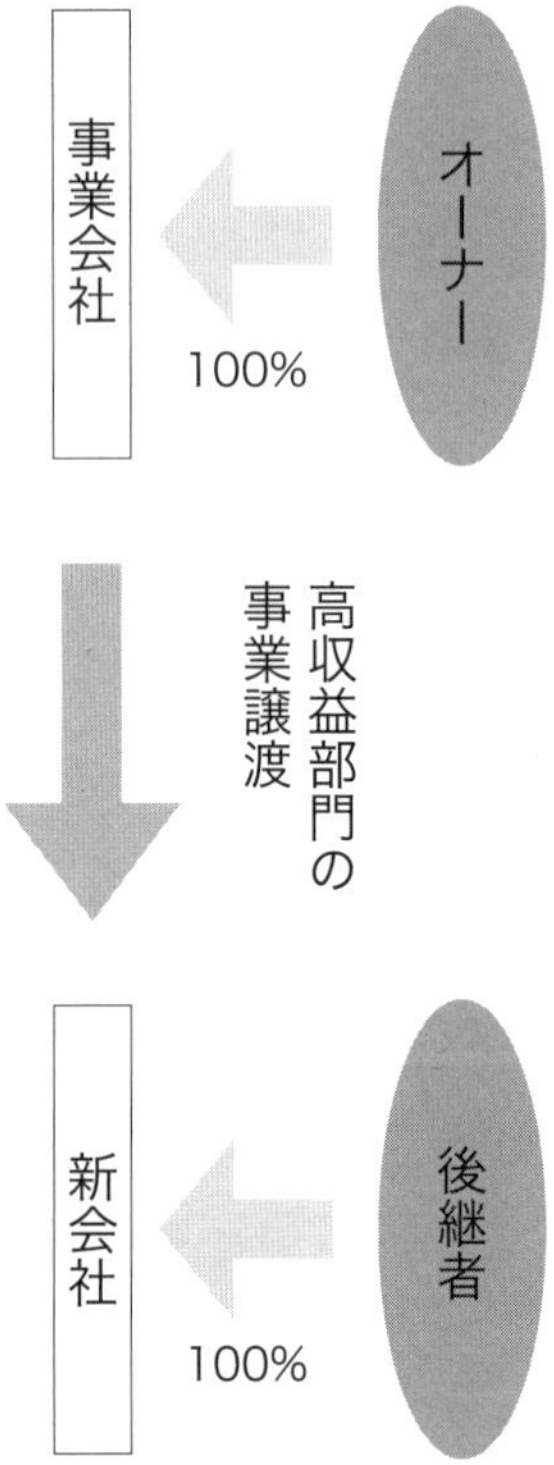

（2）種類株式の発行

①議決権制限株式

オーナーの相続財産のウエイトがほぼ自社株である場合には、自社株が非後継者へ移転すると経営の安定化が図れなくなる可能性があります。そのため考えられる対策の1つが、オーナーが所有する株式の一部をあらかじめ配当優先・無議決権株式に変更することです。そして後継者が議決権のある株式を生前贈与や相続により取得し、非後継者は配当優先・無議決権株式を取得させることにより、後継者の経営権を確保させる方法です。

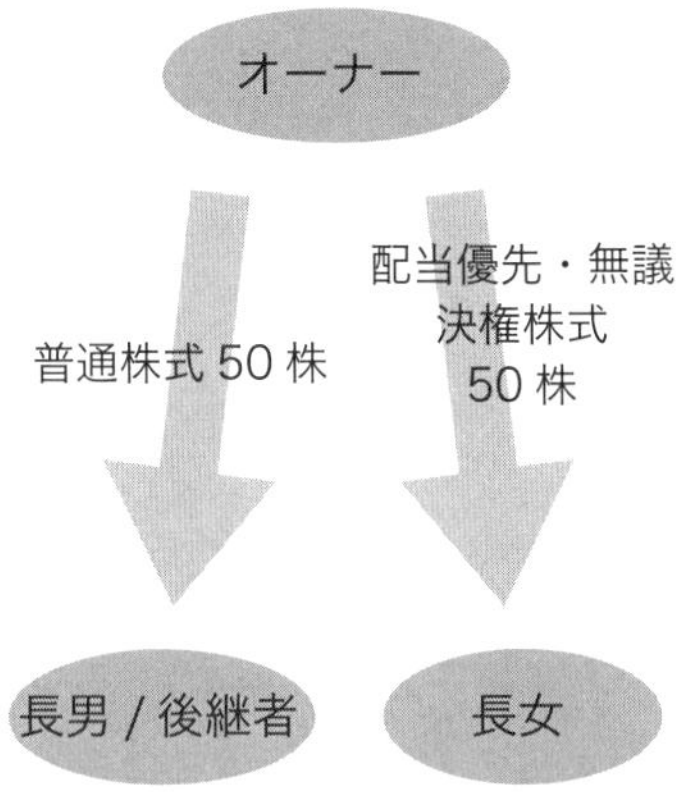

・長男は会社支配権を獲得
・長女は議決権のない代わりに配当を優先的にもらえる

②譲渡制限株式

会社にとって好ましくない者が株主になることを防止するために、定款に「株式の譲渡については会社の承認を必要とする」ことを定めることができます。これにより、相続等により会社にとって好ましくない者が株主になった場合にはその株主に対して売渡請求が可能になり、株式の分散を防止し、経営の安定化を図ることができます。

③拒否権付株式（黄金株）

この種類株式による対策は、オーナーは早期に後継者に株式を移転させたいが、経験の浅い後継者の独断を防止したい場合などに有効です。この場合にはオーナーが所有する一部を拒否権付株式に変更して、普通株式を後継者に移転していきます。オーナーは拒否権付株式を所有することにより、後継者の経営を牽制することが可能になります。

後継者所有　普通株式99株式　⇩

オーナー所有　拒否権株式1株　⇩

一定の場合には両方の議決権が必要

⇩

オーナーによる経営の監視が可能

（3）信託

信託とは、委託者が受託者に対して信託財産を託し、受託者は管理や処分をして、受益者のために信託目的に従って、受益者が利益を得るための仕組みです。

例えば、議決権行使を「オーナーの指図に従い受託者が行使する」という信託契約を締結します。オーナーが委託者となり、第三者に議決権行使の指図を行います。後継者であ

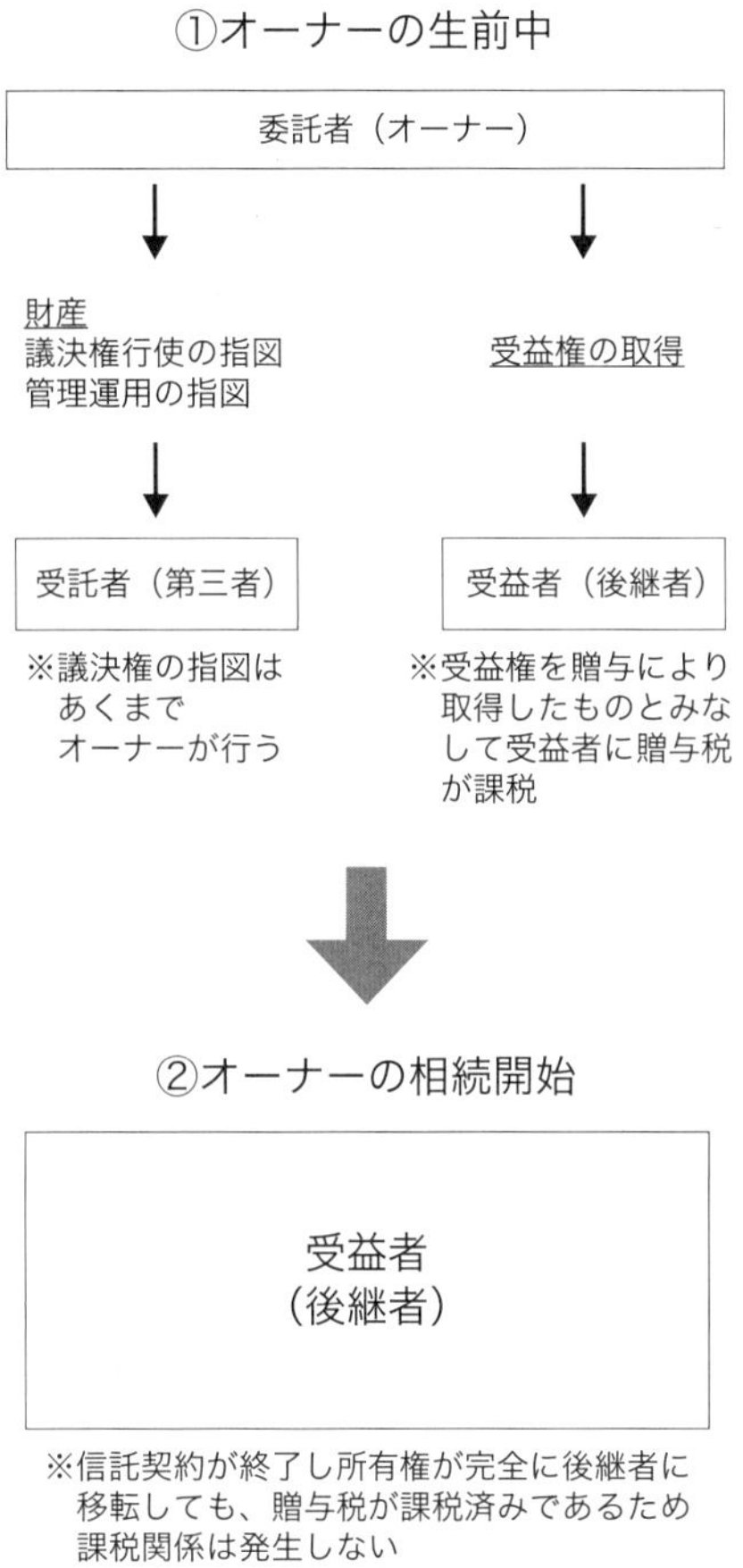

る受益者は、贈与により受益権を取得したものとみなして贈与税を支払います。こうすることで生前に後継者に対して贈与が行われますが、議決権はオーナーに残ったままの状態になります。またオーナーに相続が開始した場合には、所有権は後継者に移転しますが、税金の発生はありません。

▼3 納税対策

相続税の納税は、相続発生から申告期限である10カ月以内に金銭での一括納付が原則となります。相続で取得した財産から金銭で納税できれば問題はありませんが、相続した財産が不動産、非上場株式等の容易に換価ができない財産が大半である場合には、10カ月以内に納税資金を準備することが難しいケースもあります。

そのため、納税資金対策は相続が発生してからでは遅すぎます。まずは現状でもし相続が発生した場合、相続税額はいくらか、手許資金等で金銭一括納付は可能かどうかを正しく把握することが重要となります。

納税資金が足りないと予測される場合には、具体的には以下のような対策を考えることが必要です。

・延納、物納による相続税の納税は可能か
・保険金を活用して納税資金の財源を確保できるか
・相続財産である非上場株式を発行法人へ売却することは可能か
・相続税の納税猶予制度の活用は可能か

これらの方法について、概要を検討します。

1　延納、物納による相続税の納税は可能か

先述の通り、相続税の申告期限・納税期限は相続開始日から10カ月です。現金での一括納付が難しい場合には、納付の特例として「延納」と「物納」という制度が認められています。

「延納」とは、相続税を分割で納める方法で要件は以下の通りです。

①相続税額が10万円超であること
②申告期限までに延納申請書及び担保提供関係書類を提出すること
③金銭で一時に納付することが困難であること

④担保を提供すること

上記の要件に該当する場合には5年間から最長20年間の元金均等の年賦払いによる延納が認められます。ただし、延納を選択した場合には、利子税がかかります（延納期間及び利子税額は、相続財産に占める不動産等の割合により異なります）。

相続税の申告期限内に申請をする必要があり、延納申請は提出してから3カ月以内に許可又は却下（担保財産が多数ある場合や災害等により担保財産の審査ができない場合には最長6カ月まで）が行われるため余裕を持って準備することが重要です。

延納によっても相続税の金銭納付が困難な場合には、不動産等の現物で納税するいわゆる「物納」を選択することができます。「物納」の要件は概ね以下の通りです。

①相続税を延納によっても納付を困難とする事由があり、その納付を困難とする金額を限度とすること

②相続税の申告期限までに物納申請書及び物納手続関係書類を提出すること

③物納申請財産は定められた種類の財産で、物納順位によること

④申請財産は物納適格財産であること

物納は現金による納付も延納も困難な場合に適用が可能となりますが、物納適格財産の

条件等の要件が厳しいため、物納を申請しても認められないケースもあります。

物納申請書が提出された場合には、税務署長は原則として申請期限から3カ月以内に許可または却下の通知を行うこととされています。この期間内に物納の準備が整わない場合には、納税者が収納期間の延長の届出を行うことになりますが、最長の延長期間は相続税の申告期限から1年です。申告期限から1年以内に物納財産の整備が間に合わなかった場合には、物納申請が却下となり金銭の納付か延納申請への切り換えが必要となります。このため物納による納付を検討する場合には、相続前からの事前準備と慎重な判断が不可欠といえます。

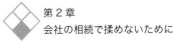

2 保険金を活用して納税資金の財源を確保できるか

被保険者の死亡により生命保険会社から支払われる死亡保険金を相続税の納税資金に充てることも有効な納税資金対策の1つです。死亡保険金は、民法上の本来の財産ではありませんが、相続税法上みなし相続財産として相続税の課税対象となりますが、一方で非課税規定が設けられています。

被保険者（=被相続人）の死亡により生命保険金を相続人が受け取った場合には、相続税法上の非課税規定（500万円×法定相続人の数）の適用を受けることができ他の金融資産に対する課税と比較して有利な扱いを受けることができます。

500万円 × 法廷相続人の数 ＝ 死亡保険金の非課税枠

たとえば、相続人が4人の場合には、4人×500万円＝2000万円が非課税となり、生命保険金2000万円は相続税の負担なしに手許に残ります（左頁図上）。

相続税の非課税枠を利用するにあたり保険料の負担者が誰であるか注意が必要です（左頁図下）。

生命保険は、一度加入するとその保険料を払い続けなければならず、仮に保険会社が倒産した場合には予定していた保険金を得ることができない等のリスクを考慮に入れる必要があります。

No.	種類	生命保険加入	生命保険未加入
①	生命保険金	2,000 万円	0
②	預貯金	2,000 万円	2,000 万円
③	非課税	△ 2,000 万円	ー
①＋②－③	相続税評価額	2,000 万円	2,000 万円
①＋②	手許資金	4,000 万円	2,000 万円

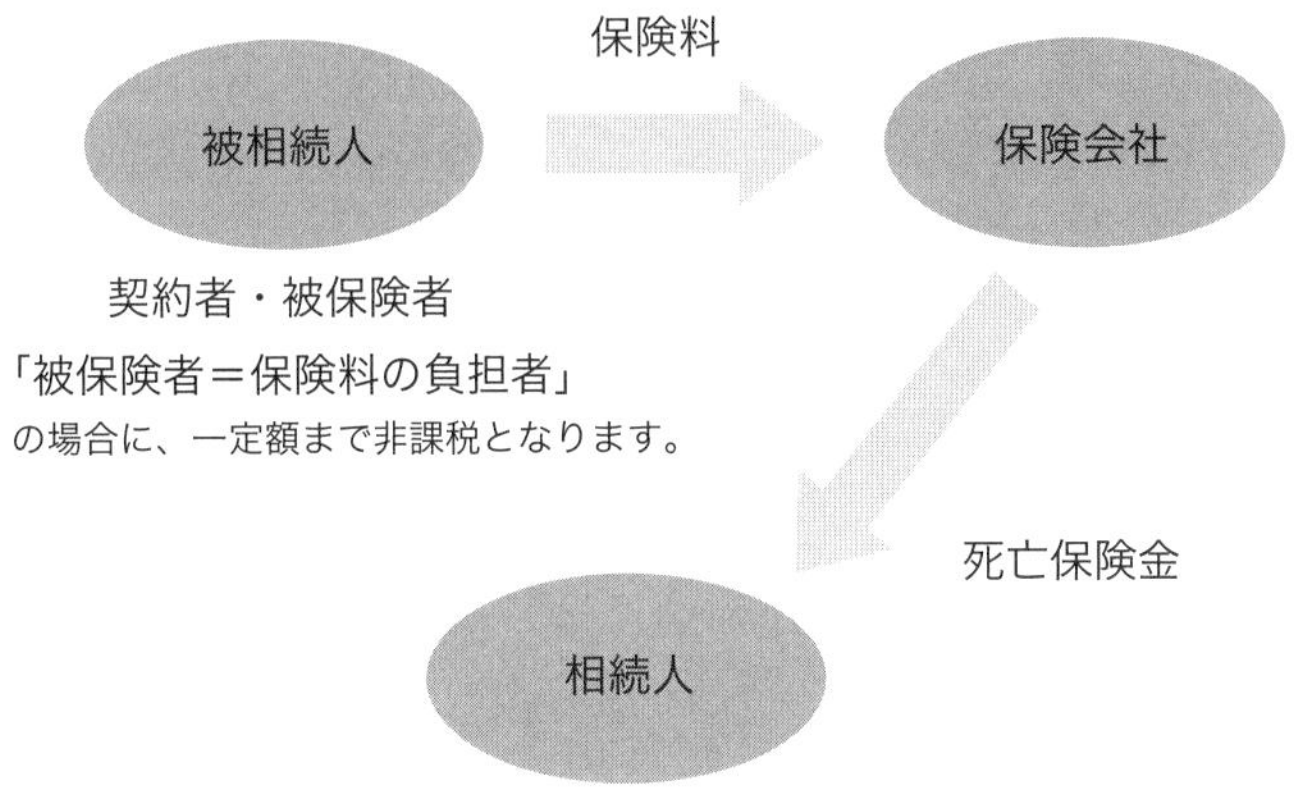

3 相続財産である非上場株式を発行法人へ売却することは可能か

相続により取得した非上場株式を発行法人に買い取ってもらい、その売却代金を納税資金とすることも有効な納税資金対策の1つです。

発行法人が個人株主から自己株式を買い取る場合には、株主は通常、みなし配当課税の適用を受けます。みなし配当に対する課税は所得税法上総合課税となるため、他に所得があったり、配当所得金額が高額な場合には、これらの所得の合計額に超過累進税率が適用され、高額な納税を余儀なくされます。

ところが、相続により取得した非上場株式を相続開始日から3年10カ月以内に発行法人に譲渡した場合には、このみなし配当課税の適用を受けることなく、申告分離課税による譲渡所得の申告となります。さらに、自社株式を相続する際に支払った相続税を取得費として、取得原価に加算することができるのでその分だけ譲渡益に対する所得税及び住民税が圧縮されます。

具体例は以下の通りとなります。

左記事例において、相続により取得した現金預金2000万円と株式の譲渡収入1億6000万円の合計額1億8000万円によって、相続税額1億5000万円と株式

例）

1. 相続財産：

　① 現金預金　　2,000 万円

　② 非上場株式　５億円（株式数：100,000 株、１株あたりの相続税評価額は 5,000 円）

　（※株式の取得価額１株あたり 500 円、資本金等の額 500 円）

2. 相続税額：　　　　　１億 5,000 万円

　相続財産の金銭による納税が難しいため、相続により取得した非上場株式を 100,000 株のうち 20,000 株を発行法人に、株式の時価１株あたり 8,000 円で売却することとしました。

（相続財産の取得費加算は、規定により計算した 2,884 万円とします。）

　なお、発行会社には自己株式を買い取るにあたり、十分な配当可能利益があります。

（所得税等の計算過程）

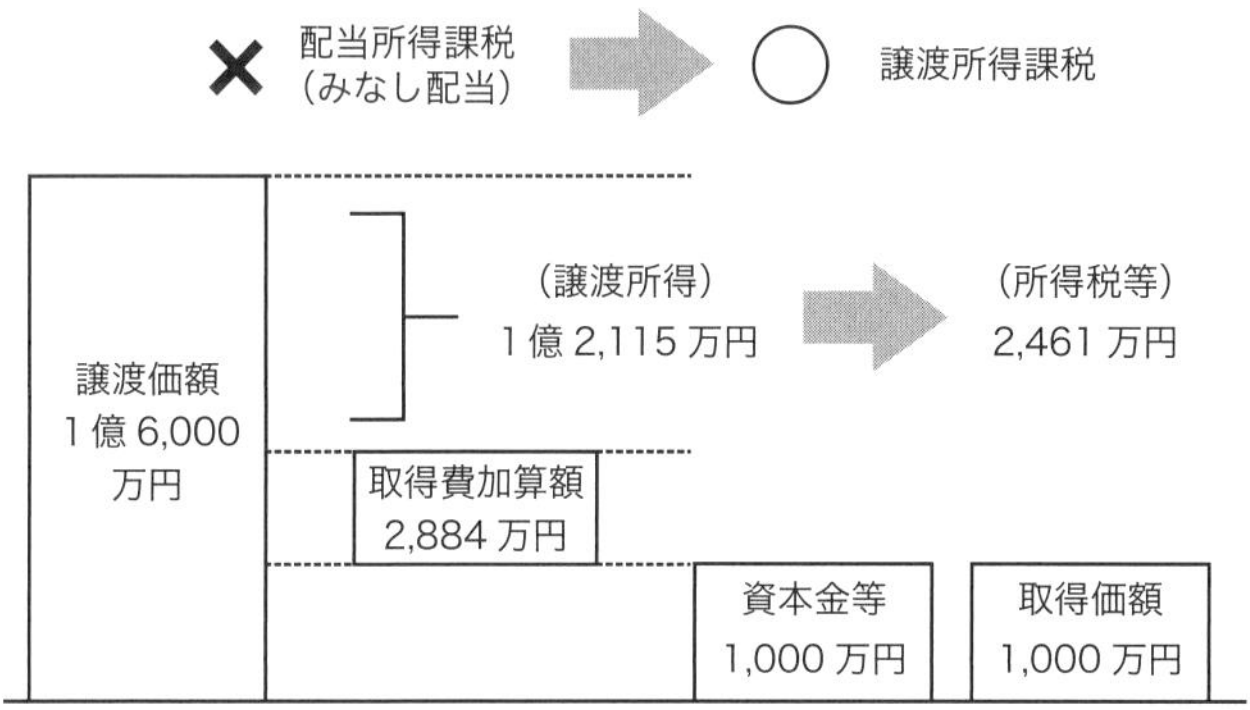

（算式）
時価 8,000 円 × 売却株式 20,000 株
⇒１億 6,000 万円

（算式）
資本金等 500 円 × 売却株式 20,000 株
⇒1,000 万円

譲渡による所得税等2461万円の納付が可能になります。相続の申告期限までにこの手続きをとれば、相続税を申告期限までに金銭により一時に納付することが可能となります。

自社株式を買い取る場合には、発行法人側で会社法上の財源規制を満たしていなければならず会社に十分な配当可能利益が蓄積されていなければ買い取りはできないため事前の検討が必要です。会社に十分な配当可能利益がある場合には、株式が外部に流出することなく支配権が確保され、かつ、金銭での一時納付が可能となるため、発行法人による株式の買い取りは有効な納税資金対策の1つといえます。

4 相続税の納税猶予制度の活用は可能か

非上場会社の株式は換金性が乏しいにもかかわらず、高額な相続税評価額となる場合があり、現経営者から後継者への自社株式の承継に際して多額の相続税及び贈与税の負担となり、事業承継に大きな障害になります。そのため円滑な事業承継を進めるために、非上場株式にかかる相続税についての納税猶予制度があります。

相続税の納税猶予制度のイメージ図は左記の通りとなります。

例）
相続人：長男（後継者）、次男（非後継者）
相続財産：
① 自社株式 6億円
② 金融資産 6億円
長男（後継者）取得財産：自社株式6億円
金融資産1億円

（後継者の納税猶予額及び納税額）

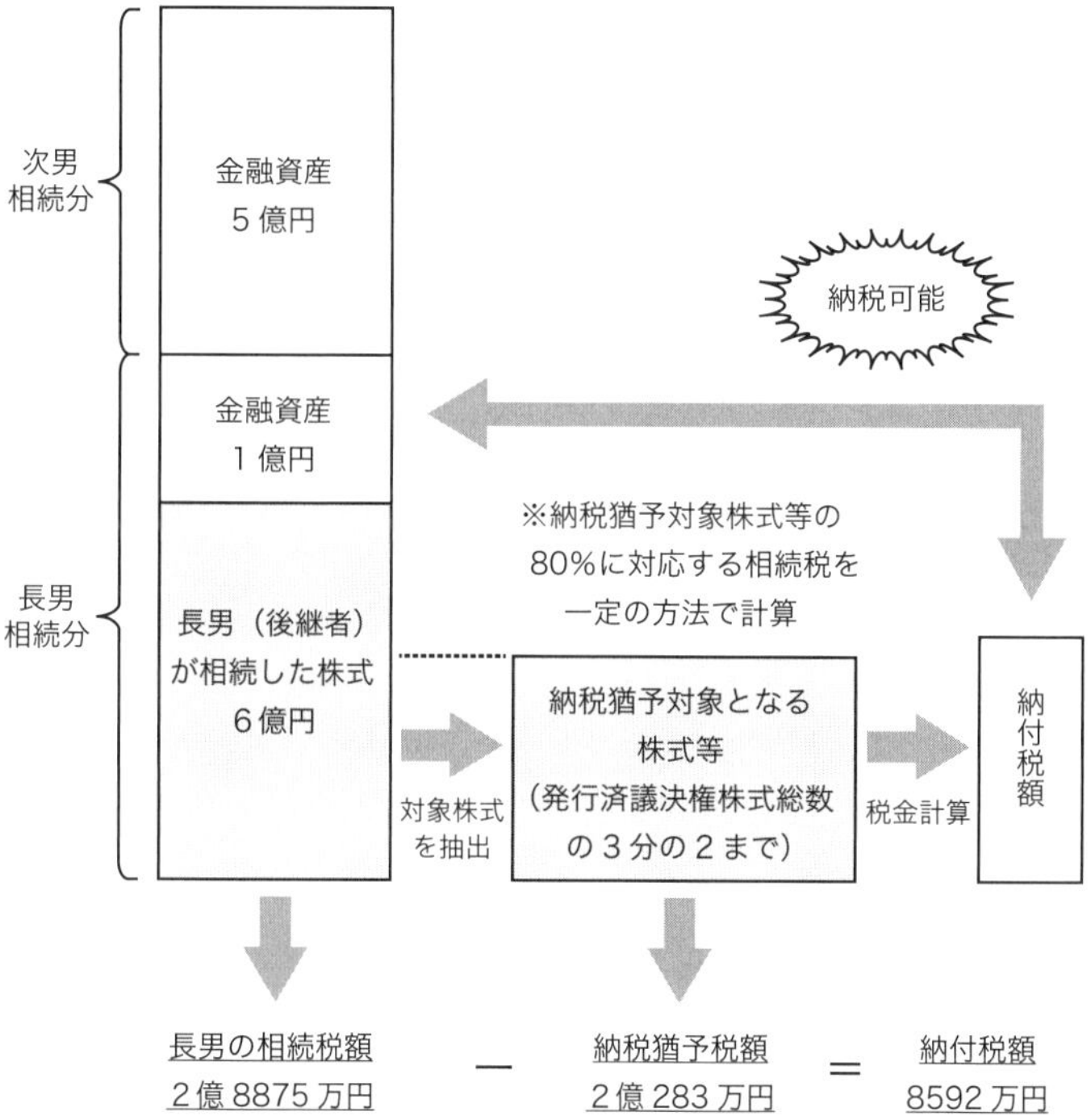

上記の設例において、納税猶予制度を適用しない場合に、長男（後継者）の相続税額は2億8875万円となり、相続した金融資産1億円の相続では納税資金が足りません。そこで納税猶予制度を活用することにより納付税額は8592万円となり納税期限内での納付が可能になります。この制度を活用することにより、相続時における自社株式にかかる相続税の税負担を抑えることができ、円滑な事業承継を行うことができます。

相続税の納税猶予制度等の適用を受けるためには、経済産業大臣の認定等の諸手続きが必要になります。相続税の納税猶予及び免除までの流れを図表にすると次頁の通りです。

相続開始後、一定の要件（会社の要件、後継者の要件、先代経営者の要件）を満たしている場合に、経済産業省の認定を受けて相続税の納税猶予制度の特例を適用することができます。相続税の納税猶予制度は、一定の要件を満たしていなければ猶予は継続されません。猶予が継続される場合の主な要件を簡単に説明すると以下の通りです。

猶予税額の全額納付の場合

相続税の申告期限から5年の経営承継期間中に、次の要件を充足しなくなる場合には納税猶予税額を全額納付しなければなりません。

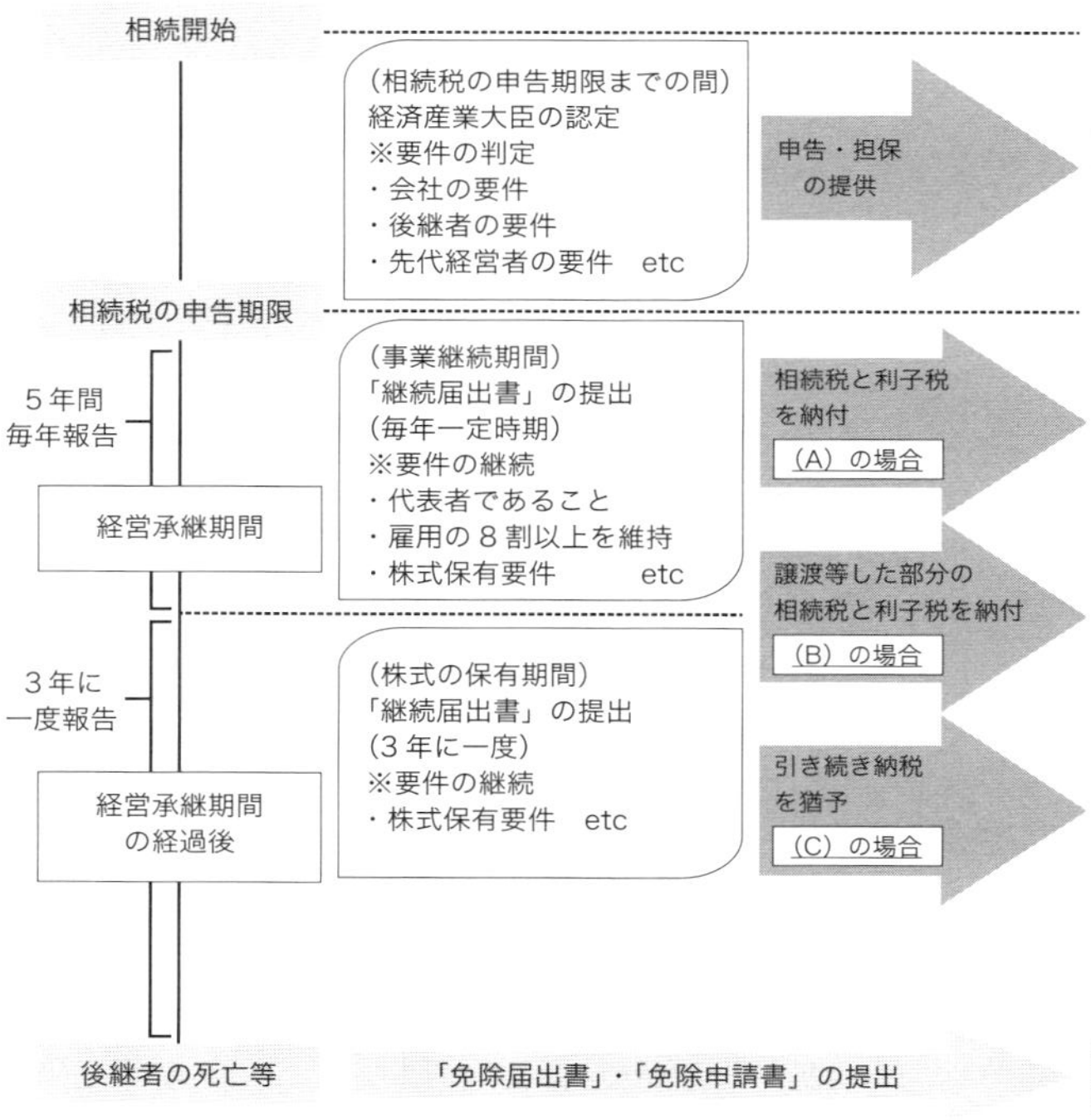

参考：国税庁HP「非上場株式等についての相続税及び贈与税の納税猶予及び免除の特例のあらまし」

後継者の相続税額のうち議決権株式（相続後で発行済議決権株式の 2/3 に達するまで）の 80％に対応する相続税の納税額を猶予

納税猶予税額を納付する必要がある主な場合	経営承継期間内	経営承継期間の経過後
特例の適用を受けた非上場株式等についてその一部を譲渡等（贈与を含む）した場合	(A)	(B)
後継者が代表権を有しなくなった場合	(A)	(C)
一定の基準日における雇用の平均が相続時の雇用の８割を下回った場合	(A)	(C)
会社が資産管理会社に該当した場合（一定の要件を満たす会社を除く）	(A)	(A)

※納付する利子税の額は、相続税の申告期限の翌日から納税猶予期限までの期間に対応した額になりますが、経営承継期間の経過後に納税猶予期限の確定事由に該当することとなった場合には、経営承継期間内の利子税は免除されます。

猶予税額の免除

本稿は 2015 年１月１日以後に相続により取得した非上場株式等について相続税の納税猶予及び免除の特例制度を選択した場合を前提で記載しています

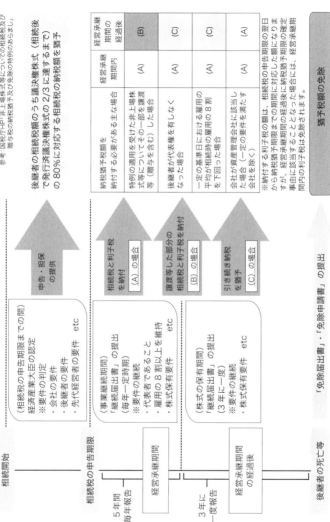

・代表者であること
・5年間平均で雇用の8割以上を維持していること
・相続後の相続株式を継続保有していること　他

納税猶予税額の一部納付の場合

上記の5年間の経営承継期間の経過後において、納税猶予の対象となった株式等を譲渡等した場合には、その時点で、納税猶予の対象となった株式の総数等のうち譲渡等した株式数に対応する納税猶予税額を納付しなければなりません。

納税猶予税額の免除の場合

後継者が死亡した場合、経営承継期間の経過後に後継者に贈与し、その後継者が非上場株式についての贈与税の納税猶予及び免除の特例を受けた場合、法人について破産手続開始の決定等があった場合等一定の場合には、猶予税額が免除されます。

この制度は、相続税額の猶予であり免除ではないので注意が必要です。一定の事由が生じた場合には、猶予されていた相続税の納税と利子税を合わせて納付する必要があります。

したがって、実際にこの特例の適用を受けるべきか否かの判定は、税額の猶予による圧縮効果のみを考慮するのではなく、猶予が取り消しになった場合の将来の税負担リスク等を考慮して、後継者の中長期的な経営能力・意欲等及び法人の将来性等を考慮して総合的な判断により適用を行うか検討することが重要となります。

また、経済産業省の認定や継続届出書の作成・提出等の手続き関係も非常に複雑であり、毎年の税制改正による要件の確認等適用にあたっては税理士等の専門家に相談しながら実行に踏み切ることが肝要です。

▼4　MBO等

親族内に適任な後継者がいない場合には、MBO（Management Buyout）等の選択が考えられます。

MBO等とは、会社の役員または従業員（1人の場合もあれば2人以上の場合もあります）が、事業の承継を前提に株式の所有者である経営者から株式を取得して経営権を取得することを言います。

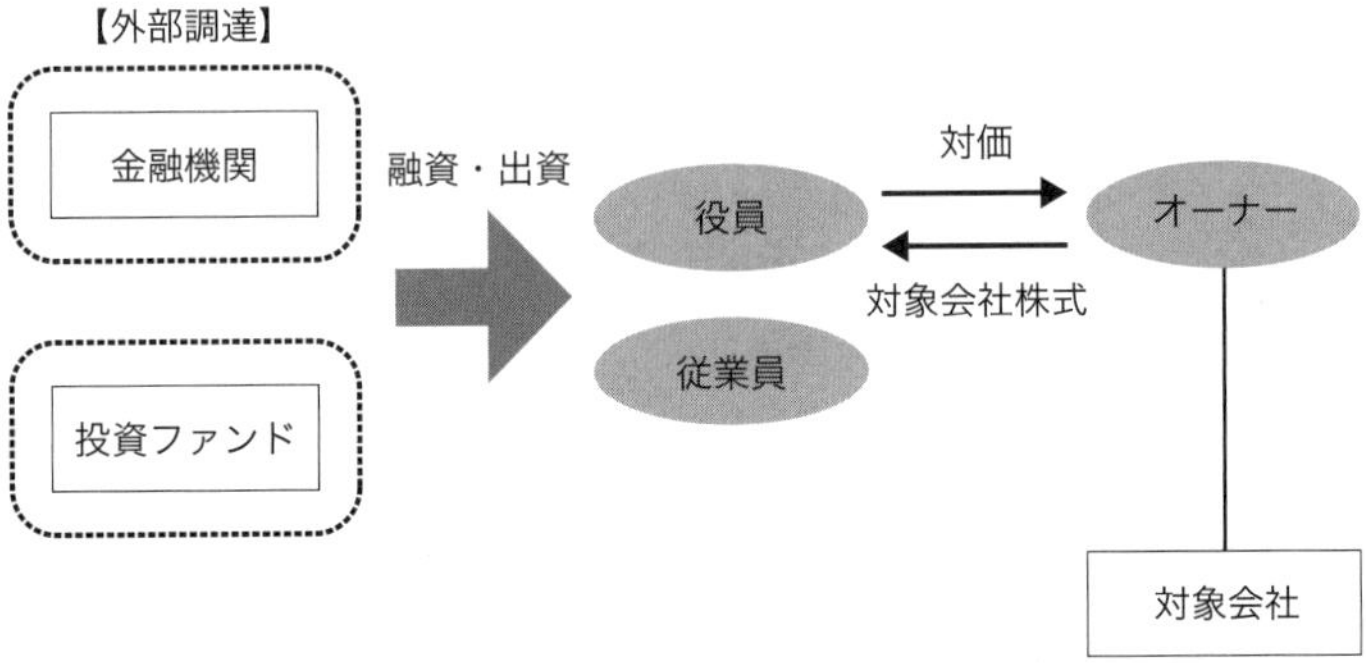

この場合には、会社の役員または従業員が経営権を取得するため相続等により株式を取得した前経営者の親族から買い取るための資金力があるかどうかが重要になります。一般的には新経営者は株式を買い取るだけの資金力がない場合が多いため、新経営者以外の買収資金の提供者が必要となり、この場合には、投資ファンド（プライベート・エクイティ・ファンド等）や金融機関が資金提供者となることが多いようです。

また、買収を目指す役員個人の自己資金や借入による買収というケースもありますが、一定規模以上の場合は、当該役員または従業員が受け皿会社を設立し、この受け皿会社に対して、金融機関の融資や投資ファンドによ

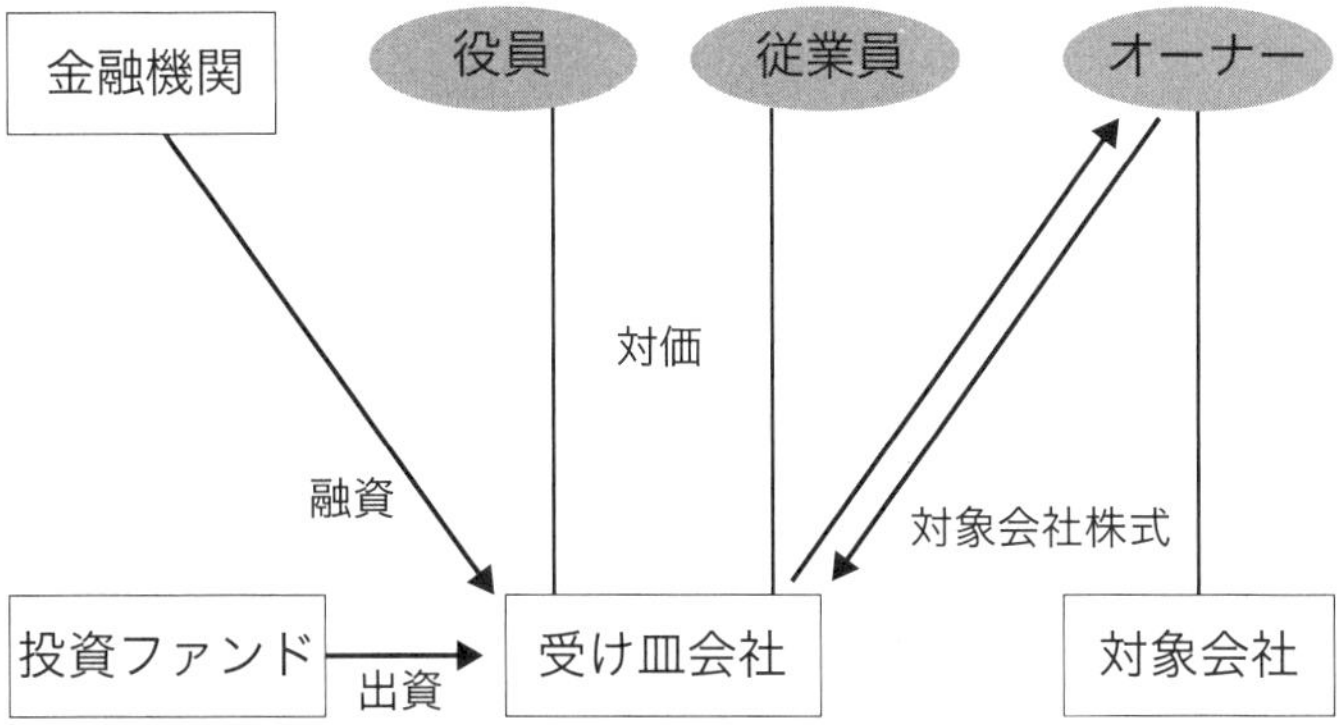

株式取得後、受け皿会社の子会社となった対象会社を合併します。

MBO 等（受け皿会社を使用する場合）

る出資が行われ、この受け皿会社が対象会社の株式を取得して、最終的に受け皿会社と対象会社を合併するといった手続きをとります。

このようにＭＢＯ等が実施されるには、当該役員の経営能力や企業の将来性が評価されて、金融機関側から積極的な融資や投資ファンドによる出資を受けることが可能であることが前提となります。

ＭＢＯ等による事業承継メリット

①後継者が会社のことをよく熟知している役員等であるため、スムーズな事業承継の実行が期待できます。

②今までの役員等が継続して事業を行うこ

とになるため、従来の経営方針を継続してもらえる安心感があります。
③今までの役員等が継続して事業を行うことになるため、従業員の雇用を確保してもらえる安心感があります。
④買い手である役員等が、従来の雇われ役員からオーナー経営者となることでモチベーションアップにつながり、結果として経営環境にプラスになることがあります。

MBO等による事業承継のデメリット

①MBO等の買収者が役員等であるため、買収資金をいかに調達するかがネックになる可能性があります
②オーナー経営者以外に株主が多数いる場合には、株主間の利害調整が必要になります。

4 対策効果の検証

本章の初めに紹介した事例で、事業承継対策とその効果を考えてみます。

〈事例〉

経営者甲は、アパレル販売業A社と、アパレル製造業B社を経営しており、どちらも業績は好調です。甲の妻は既に他界しており、家族は長男（後継者）と、長女（後継者以外の相続人）です。甲は60歳と若く、まだまだ元気であるため、事業承継対策は全く考えていませんでした。

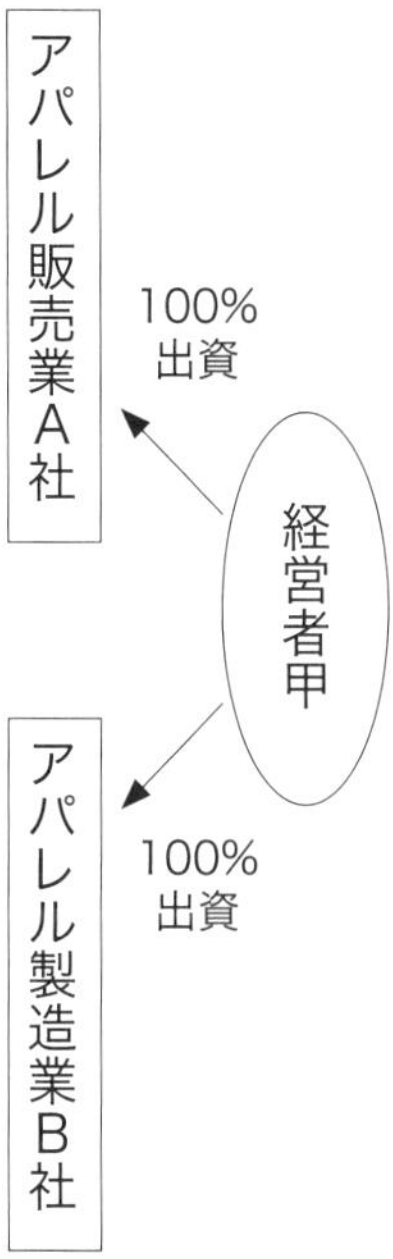

⇦具体的な事業承継対策を考える

後継者の選定・教育

後継者に対し、営業ノウハウ、外部の人脈などの経営ノウハウを承継する

⇦

遺言書の作成

自社株式を後継者である長男に集中させ、長女の遺留分を考慮した遺言書を作成する

⇦

自社株対策

A社（中会社の大）とB社（中会社の小）を合併し、合併会社A社（大会社）とし、株式の相続税評価額の引下げ対策を行う

⇦

納税対策

甲の死亡退職金及び死亡保険金の準備により、納税資金を確保する

以下は、事業承継対策をした後に、甲に相続が発生した場合の遺産及びその遺産に対する相続税です。

甲の遺産総額　３億円

合併会社Ａ社株式	1億5000万円
自宅不動産	5000万円
金融資産	5000万円
死亡退職金	4000万円
死亡保険金	1000万円

この遺産に対する
相続税

↓

相続税

約6100万円

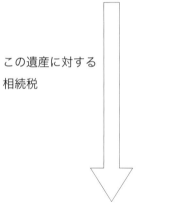

〈対策を行ったことによる効果〉

項目	効果
①後継者の教育	甲の営業ノウハウ及び資金調達能力などの経営ノウハウを、後継者である長男に承継したため、スムーズに経営を承継することができた
②遺言書の作成	財産承継の準備をしていたため、後継者である長男に合併会社A社株式を承継することができ、長女には遺留分を考慮していたことから、相続人間で争うことはなかった
③自社株対策	A社（評価額3億円）及びB社（評価額4000万円）を合併したことにより、合併会社A社（評価額1億5000万円）の株式の評価額の引き下げに成功した
④納税対策	自社株対策により、相続税を圧縮（対策前相続税約1億2900万円→対策後相続税約6100万円）することができ、かつ、死亡退職金及び生命保険金の準備により、納税資金を確保できた

結果として

後継者の経営を承継でき、遺言により争うことなく、相続税の問題も解決し、スムーズな事業承継に成功したこのように事業承継対策は、会社の状況、経営者個人の所有財産、家族構成などによって、オーダーメイドの対策を考える必要があります。

また、事業承継対策には長期間の時間を要することが多いため、経営者が元気で体力のあるときにこそ、早めに会社等の現状を分析し、事業承継対策実行の決断が必要とされます。

事例で学ぶ終活の法則 1

専門家のアドバイスから学んだ自社株・納税対策のコツとテク

大阪市にある老舗食品専門商社の株式会社NKフードサービスが、事業承継に取り組んでいる。

創業社長の今西真一は、73歳の誕生日を迎えたばかり。「老いてなお矍鑠」の言葉通り、日々新たなビジネスの開拓に余念がない。

だが不景気ゆえに課題もある。新規にレストラン事業を始めるため、6年前に株式会社NKコーポレーションを設立したが、ここ数年不調で赤字が続いていた。もっとも同社には資産があり内部留保も厚く、ただちに経営的に厳しい状態に置かれる心配はない。ところが今回のレストラン事業の不振をきっかけに、創業以来約40年にわたり、第一線で辣腕を振るってきた今西も、会社に余力があるうちに事業承継を行い、新体制のもとで経営改革を行う必要があると考えるようになった。

今西は昨年10月に、今年50歳になる長男の今西光一専務を、後継者に正式に指名している。社内、取引先ともに大方の予想通りだったが、事業承継による混乱を避けるため、２０１５年９月期の決算を終え、10月１日の新事業年度のスタートに合わせて承継を行うことにした。

海外市場の開拓などで実績を残してきた光一専務は、部下にも信頼されている。今西は光一専務とともに、２０１６年９月期から５年間にわたる経営方針をまとめた中期経営計画と新経営ビジョンを策定する一方、取引先や金融機関などを回りながら、引き継ぎを進めている真っ最中である。

今西には光一専務以外に２人の娘がいるが、２人とも別の仕事に就いており、会社の経営には関わっていない。今西は娘たちが子供の頃から「会社を光一に継がせる」と話をしていた。事業承継の際、親族間における財産分与の割合や遺留分の侵害などでトラブルが起こりがちだが、「ずっと前から話していたように、光一に経営を継がせるので、他の人には財産が少なくなるかもしれないが、許してほしい」と、自分の気持ちを配偶者や子供たちに伝えるために、遺言書も作成した。

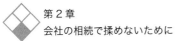

順風満帆に進むかのように思えた経営承継だったが、思いがけないところで問題が生じた。ＮＫフードサービスは、大阪市内の一等地に自社ビル２棟を所有し、それぞれにＮＫフードサービスと１００％子会社のＮＫコーポレーションが入居している。長年付き合いのある税理士事務所が算定したところ、時価総額で約45億円に上るグループ資産のうち、今西が所有している株式が、約13億円に評価されることがわかったのだ。

資産価値が高く評価されることは、本来良いことであるはずだ。ところが、今西が所有する株式を光一専務が相続した場合、相続税の納付額は約４億円に上る。これから経営を継ぐ立場にある光一専務にしてみれば、まさに「寝耳に水」の状態で、とても個人で支払えるような金額ではない。会社の先行きに大きな不安はなかっただけに、後継者への財産承継で問題が生じるとは誰も予想しなかった。

今西は取引先銀行から紹介を受け、大阪みなみ会計事務所に、事業承継にともなう自社株対策と納税対策のアドバイスを求めた。

非上場企業の場合、会社に影響力を及ぼすオーナーが所有する自社株式は、原則的評価法により評価される。

同評価方式の中で「中会社の中」に分類されるＮＫフードサービスの場合、「純資産価額方式」（資産から負債を差し引いた純資産をもとに株価を評価）と「類似業種比準価額方式」（国税庁から発表される、事業の内容が類似する上場企業の平均株価を基準に評価）を組み合わせて株価を算出することになる（その他純資産価額方式による評価も可能であるが、純資産価額の方が高いため、上記方式を採用している）。

一般に、純資産価額方式のほうが、類似業種比準価額方式よりも評価額が高くなる。詳細は省くが、同社が分類される「中会社の中」の会社規模では、純資産価額が類似業種比準方式より高い割合で反映されてしまうため、株価が13億円に跳ね上がってしまうのだ。そのため、大阪みなみ会計事務所では、自社株対策として株価の引き下げを提案した。

たとえば保有資産の含み益などから株価を算出する純資産価額方式では、決算が赤字になっても株価が下がるとは限らない。そこで同事務所がまず提案したのが、会社規模の引き上げである。従業員数や売上高、総資産を増加させることで、会社規模を、「中会社の大」に引き上げることとし、純資産価額の適用割合を10％に低下させた。

なかでも有効だったのは、子会社であるＮＫコーポレーションとＮＫフードサービスの合併である。グループ2社を1社に統合しても、業務に支障はほとんど生じないため、自前のビル2棟でそれぞれ営業していた両社を合併することで、会社の規模を拡大。

順序が前後するが、現状のまま何もしなければ、今西が所有している自社株は13億円と評価されるが、合併を行うことで6億円の株式評価額になり、評価額が半分以下になることがわかった。

さらに、今西が光一専務に経営を全て引き継ぎ会社を退職する際に退職金を出し、グループ2社の合併にともない、ビルを改装するため取引先銀行から融資を受ける、などの方法で、資産価値を低下させる方法をとり、更なる純資産価額の引き下げを実行した。

とはいえ、相続人が、被相続人が死亡したことを知った日の翌日から10カ月以内に相続税の申告および一括現金納付を行うのは、非常に厳しい。相続税の納付額が大きい場合、納税猶予も検討の余地があることが、同会計事務所のアドバイスでわかった。

このように、当初は思いもよらなかった自社株対策や相続税の納税対策も行いながら、今西と光一専務は二人三脚で、事業承継に向けて、新経営体制の基礎固めに邁進している。

第３章

Ｍ＆Ａを活用した親族外への事業承継

1　中小企業の後継者不在にも有効なM&A

M&Aとは、「合併（Mergers）」と「買収（Acquisitions）」のことです。どちらかというと大企業同士で行うM&Aが話題になりやすいことから、大企業だけに許された経営戦略のように思いこまれている方も多いと思いますが、最近は中小企業でもM&Aを行う会社が増えてきました。背景にあるのは中小企業を襲う深刻な後継者不在です。実家が会社を営んでいれば子供が社長業を継ぐのが昔は当たり前でした。ところが最近は継がないことが当たり前になっています。図は帝国データバンクが調べた全国の後継者不在率です。すでに中小企業の60%以上が後継者のいない状態になっており、後継者がいる会社の方が少数派になっています。30年前と比べて職業選択の幅が広くなっているほか、会社は身内で継がせるもの、という価値観が薄れてきていることが影響していると考えられます。

後継者不在の中小企業では、親族にはこだわらずに優秀な幹部社員に経営を任せることも考えられます。優秀な幹部社員に後を継いでもらえば経営面では安心かもしれません。

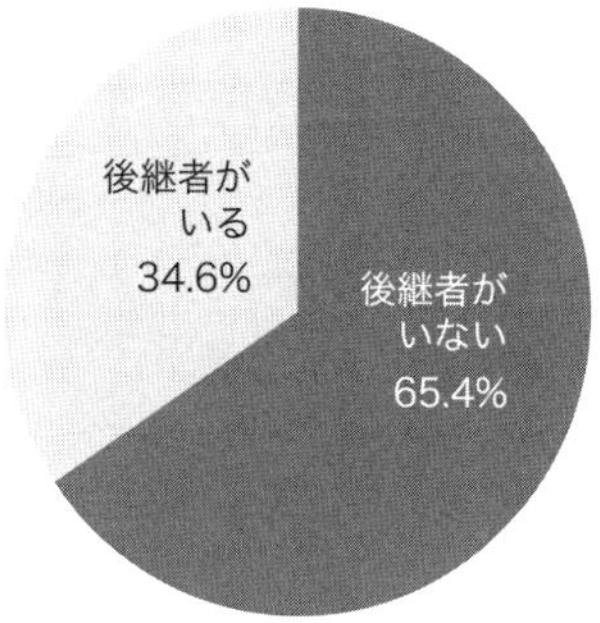

後継者問題に関する企業の実態調査
（出所：帝国データバンク　2014年7月29日）

しかし残念ながら、これはあまり現実的な選択ではありません。その幹部社員には会社の株式を買い取るだけの資金力がないことが多く、そのような資力では金融機関が個人保証の切り替えに応じられないからです。株式だけ残して経営を他人に任せることも考えられますが、この場合は換金できない多額の非上場株式が残され、残された家族が相続税の支払いに困窮してしまうという問題が解決できません。優良な企業であればあるほどこの問題は深刻になります。このように中小企業の後継者になる人物は経営能力だけでなく、資金力も兼ね備えている必要があるのです。

親族も幹部社員も会社を継げないとなると、あとは廃業するしかありません。しかし、会社を廃業してしまえば社員を解雇しなければなりませんし、長年お世話になった顧客にも迷惑をかけることになります。また、経済的な観点から見ても廃業は不利です。廃業する際には借入金などの負債を返済するために会社の資産をすべて現金化しなければなりませんが、在庫や設備は稼動しているからこそ価値があるのであって、廃業する場合には価値が極端に低下します。現実には会社の資産をすべて売却しても借入金を全額返済できずに、自宅などの個人資産を売却せざるを得ないケースやそれでも借入金が返しきれずに辞めたくても辞められないというケースもあります。

このように後継者のいない中小企業にとっての事業承継策は意外と選択肢が少ないのです。

そこで浮上してくるのが事業承継型M&Aです。実はM&Aの譲渡理由の半分以上は後継者不在を理由としています。ちなみにM&Aで譲渡する会社は業績堅調で財務内容も良好な会社がほとんどです。

M&Aを行うことで経営体力のある企業のグループに入り、資金面、人材面でのバックアップを受けられるようになります。M&Aが成立すれば会社がそのまま存続して、従業員の雇用は守られますし、取引先はこれまで通りの取引を継続することができます。オー

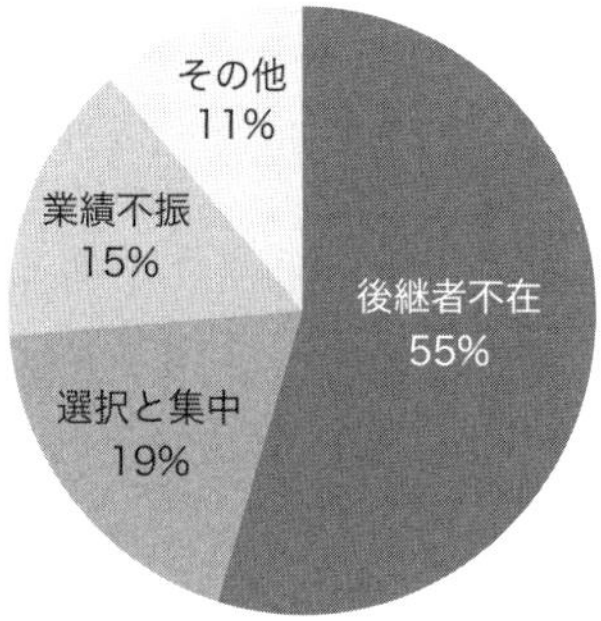

M&Aの譲渡理由
（出所：ストライクの仲介実績より集計　2014年5月末）

ナー経営者も株式の譲渡代金を手元に残すことができ、ご家族は相続税の支払いに備えることができます。また、経営者自身もＭ＆Ａによって第二の人生を手に入れることができます。Ｍ＆Ａ後の経営者の方々は、さまざまなセカンドライフを送っています。海外で暮らす、故郷で農業を始める、新しい事業に着手するなど、長年の夢を実現される方もいれば、のんびり、おだやかに老後を楽しまれている方もいます。最初は「引退しても趣味もないし、これからどうやって過ごそうかな」と口にしていた人も、実際にＭ＆Ａが成立すれば、社長時代にはできなかったことを実行に移し、充実したセカンドライフを過ごしています。

Ｍ＆Ａで会社を譲渡した経営者はほぼ例外なく「肩の荷が下りました」とおっしゃいます。会社を手放すことに一抹の淋しさは感じつつも、これまでの重圧から解放される喜びと安堵からほっとされるのではないかと思います。Ｍ＆Ａは手段にすぎません。大切なのはＭ＆Ａによって何を手に入れるか。売却した会社の成長と発展はもちろんですが、経営者自身がハッピーリタイアメントを実現できるというのも事業承継型Ｍ＆Ａのメリットです。

2　M&Aの進め方

今日Ｍ＆Ａで会社を譲渡したい、と言っても会社はすぐに譲渡できるわけではありません。

Ｍ＆Ａにはステップがあります。Ｍ＆Ａは大きく分けて３つの段階を経て実行されます。そのステップをきちんと経ないと話が途中で暗礁に乗り上げて進まなくなってしまったり、M＆Aは成立したものの引き継ぎがうまくいかず、トラブルが起きることもあります。

▼1　M＆Aも周到な準備が必要

まず第1段階は準備段階です。

なぜM＆Aをするのか、あるいはM＆Aが最適な解決策なのか、経営者自身が意思決定することから始めます。経営者が会社を譲渡するという意思決定をするまでには気持ちが揺れるのが普通です。しかし、身内にも社内にも後継者がいなければ、事業承継、もっと言ってしまえば会社の存続にはM＆Aが最適な解決策だと分かっていても結論が出せないものです。しかし、その迷いを振り切って腹をくくることがM＆Aのスタートになります。

M＆Aを実行すると決めたときに最初に行うのがM＆A専門会社とアドバイザリー契約を締結することです。経営者がM＆Aで会社を譲渡するのは普通は一生に一回です。最初で最後のことですので、慣れないことや知らないことも多く、判断に迷うことも多くあります。M＆Aアドバイザーは経営者の良き相談相手としてM＆Aをスムーズに進めていくためには欠かせません。

次いで資料収集と企業価値評価を行います。企業価値評価は客観的な評価を把握すると同時に経営者の主観的な希望条件とのギャップを認識するために必要な作業です。いくら素晴らしい会社であったとしても、譲渡希望価額が客観的な評価と大きくかけ離れていると、M&Aの成約可能性は低くなります。そういったことがないよう、客観的な評価を行うのが良いのです。また資料や情報を収集し、自分の会社がどういう強みがあって何が弱点かを明らかにしていくことは、M&Aの相手先への提案のためにも必要となります。経営者が強みとして認識していることがそうでもなかったり、逆に思いもしていなかったことが魅力になったりすることもあります。つまりこの準備段階を経ることで客観的な立場から自社の魅力を再認識することで、よい相手によい条件で譲渡できるようになるのです。

▼2　準備が終わったらいよいよ相手探し

次いで第二段階に移ります。具体的に相手先の企業を探しに行く探索段階です。経営者自身が自分の会社を売り歩くわけにはいかないので、もっぱらM&Aアドバイザーが行います。譲渡の条件や経営方針が合う企業を探し出し、交渉を始めます。相手が見つかるとM＆Aの条件やM＆A後のトップ人事や経営方針を協議していきます。売り手と買い手の当事者同士で話し合う事項もあれば、間にM＆Aアドバイザーを立てた方がスムーズな調整事項もあり、区別する必要が出てきます。たとえば将来の経営方針を話し合うためには第三者を交えずに当事者同士で話し合う方が考えていることがダイレクトに伝わりますし、譲渡価額に売り手と買い手で相違がある場合には第三者が間に入った方がスムーズです。相手を選ぶポイントは2つです。１つはM＆A後の経営をお任せするに足る会社かどうかです。どのような会社か情報を収集すると同時に、納得できるまで話し合うことが大事です。経営者同士の信頼関係がなければM＆Aもうまくいきませんし、M＆Aが成立したとしてもその後の経営が順調に進展するか保証はありません。M＆Aは経営者同士の信頼関係に勝るものはないのです。もう１つのポイントは譲渡価額です。やはり自分の会社が高く評価されるのはうれしいものです。価値を認めてくれる会社であればその後、会社を大切に育ててくれるに違いありません。

金額が高ければそれで良い、というわけではないところがM＆Aの難しいところです。相手の企業の経営方針・経営能力と譲渡価額のバランスをとって判断をすることになります。最後は譲渡する経営者の直観で決めるケースが多いように思います。

▼3 そして最終段階へ

諸条件のすりあわせが済むと、第三段階の契約段階になります。いよいよ最終段階です。M&Aの契約を締結して代金決済を行って経営権が買い手となる企業へ移転します。決済が終わると代表者変更の手続きを行い、引き継ぎが開始されます。外来語をはじめとする専門用語が飛び交うので、M&Aというとこの段階のみを指して考えている人が多いと思いますが、実はここに至るまでの事前準備の段階の方が重要なのです。

それはさておき、この段階では契約締結と代金決済以外に重要なことが2つあります。それはデューディリジェンスと社員や顧客への発表です。デューディリジェンスとは買収監査のことですが、買い手の公認会計士や弁護士が会社の帳簿や契約書をチェックしにきて多数の質問をします。時には答えにくいことを聞かれたり想定外の意外な質問をされたりするので、M&Aアドバイザーに同席してもらうだけでなく、社内だけでの対応に不安があるときには顧問税理士や顧問弁護士にも同席してもらった方が良いでしょう。また、社員への発表に頭を抱える経営者もいます。M&Aをしたことを社員にどう説明したらよいのか、会社を譲渡すると伝えた時に一緒に辞めると言い出す社員がいないか、経営者にとってても初めてのことで分からないことが多いと思います。会社にはそれぞれ独自の歴史と独自の人間関係がありますので、一律に「こうすべき」ということはありません。社員への伝え方を間違うと人間関係がぎくしゃくして、その後の経営が不安定になる可能性もあります。経営者にとってはプレッシャーもありますが、これをうまく乗り切ることが経営者としての最後の仕事になります。

M&Aの手続きはここまでですが、何より大事なことは自分の会社がきちんと次の経営者にバトンタッチできることです。経営者としては会社が自分の手を離れた後も引き続き存続し、発展していくことが一番うれしいはずです。M&A成立後も会社が円滑に経営されるように、6カ月から1年間の引き継ぎを行うのが一般的です。

M&Aが成立するまでにかかる期間は通常6カ月程度です。株式が分散していたり、取締役の意見が割れる可能性があったり、親族内に対立がある場合はさらに時間がかかります。いずれにしても企業の価値には〝旬〟があります。早めに着手するのがよいでしょう。

事前段階

・譲渡意思確認
・M&A アドバイザリー契約の締結
・資料収集、企業価値評価

↓

探索段階

・相手先企業探索
・譲渡条件の交渉

↓

契約段階

・デューディリジェンス（買収監査）
・譲渡契約締結
・代金決済

M&A の進め方

3　M&Aの手法

前述のとおり、Ｍ＆Ａは合併を意味するMergerと買収を意味するAcquisitionの略語です。イメージ的には対等な関係で経営統合するのが合併、一方が他方を支配する関係を買収と理解できます。

手法を分類すると次頁の図のようになります。

▼1　株式譲渡

最も一般的なＭ＆Ａの手法で、売り手企業のオーナーが買い手企業に保有株式を売却することによって、会社の経営権を譲り渡すものです。売却比率によっては、売り手企業のオーナーは、一定の支配権を確保できる余地がありますが、実際には、株式のすべてを譲

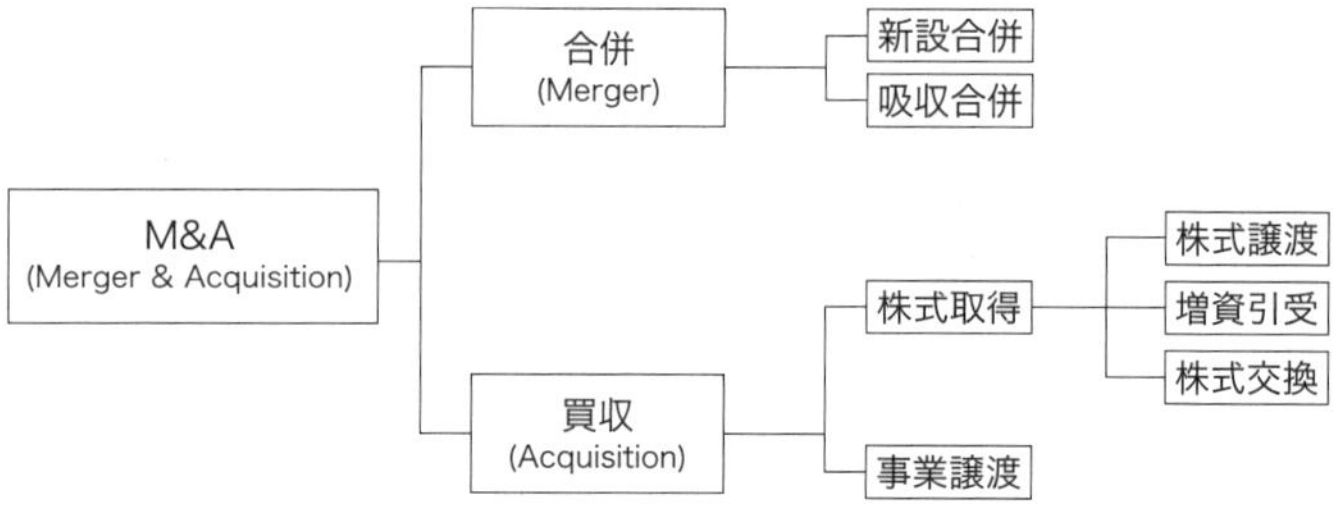

り渡すケースが多いです。会社名や債権債務関係、契約関係等はそのまま引き継がれるので、株主が変わった以外に対外的に大きな変化がありません。手続きが簡単、オーナーに直接譲渡代金が入る、会社が現状のまま存続するなどのメリットがあるので、中小企業のM&Aでは、もっともよく行われる方法となっています。

▼2 株式交換

株式譲渡では、買い手企業は通常、売り手企業のオーナーに現金を払って株式を買い取りますが、現金を支払う代わりに買い手企業の株式を割り当てるのが株式交換です。買い手企業に現金がなくても買収できるというメリットがある反面、売り手企業のオーナーは、割り当てられた株式をすぐには現金化できないというデメリットがあります。このため、中小企業のＭ＆Ａにおいて株式交換の手法が行われるのは、上場企業が買い手となるケースで、しかも売り手がそれを許容している場合に限られます。

▼３　合併

２つ以上の会社が１つになるＭ＆Ａの方法です。規模の大きい会社が規模の小さい会社を吸収して、大きい方が存続して小さい方が解散する「吸収合併」がほとんどですが、中小企業のＭ＆Ａではあまり行われません。売り手企業のオーナーが現金を手にすることはできないうえ、合併相手の会社が上場会社でない限り、株式を現金化することがかなり難しくなるからです。

▼4　事業譲渡

会社をまるごと売買する「株式譲渡」に対して、会社の中身のみ、あるいはある事業部門のみを売買するのが事業譲渡です。複数の事業を手がけている会社が、一部門のみを売却したい場合に、よく行われる方法です。

土地・建物などの有形資産、売掛金・在庫などの流動資産だけでなく、無形資産であるのれんや人材、ノウハウなども譲渡対象となるので、買い手企業は必要な資産のみを譲り受けることができます。事業譲渡契約で明示的に引き継ぐと記載されている債務以外は原則として引き継ぐ必要がなく、簿外債務のリスクがありません。

ただし、株式譲渡に比べると手続きは複雑です。雇用関係や取引関係は原則として、そのまま移転することはできないので、1つひとつ同意を得て、必要に応じて名義の変更などを行うことになります。

5　第三者割当増資（増資引受）

売り手企業が買い手企業に対して新たに株式を発行し、引き受けてもらう方法です。売り手企業のオーナーに現金は入りませんが、会社に資金が入るので会社の財務基盤は強化されます。事業展開を進めるうえで資金面でのバックアップが必要な会社に向いているM&Aの手法だと言えます。

6　会社分割

会社を複数の法人格に分割して、それぞれに組織や事業を引き継がせる方法です。グループ内の組織再編としても用いられますが、分割した会社を他社に売却することにより、M&Aでも利用されることがあります。会社分割では、分割した事業を新しく設立する会社に引き継がせる「新設分割」と、既存の会社に引き継がせる「吸収分割」があります。引き継ぐ会社は分割を行う会社または株主に株式を割り当てます。

合併や株式譲渡と異なり、会社の一部を譲渡できるという点で事業譲渡と共通しますが、会社分割には権利義務が包括的に引き継がれるという特徴があります。

以上のとおり、M&Aの手法にはそれぞれメリット・デメリットがあります。専門家と相談しながら、自社のニーズに合う方法を選択するのが良いでしょう。

事例で学ぶ
終活の法則
2

親族外への事業承継はM＆Aで友好的に解決

茨城県A市で産業用機械のメンテナンス・整備を手がけるナカムラ機械技術の創業社長・中村雄一は、今年還暦を迎えた。

30歳で独立し、会社を興して30年が経つ。会社の年商は7億円で社員数は50名。バブル崩壊やリーマンショック、東日本大震災も経験したが、長引く不況の中で全社一丸となり、数々の逆風を乗り切ってきた。

中村のかねてからの目標は、60歳になったら引退し、故郷の栃木に移り住み専業農家を営むことだった。農家への転身は簡単なことではないが、リタイアを機に田舎で農業を始める「定年帰農」の夢を実現するため、中村は早くからプランを立てていた。

50代前半には栃木県M町に農地を購入し、その一部に作物を植えて週末農業も始めた。妻も緑に囲まれた自然豊かな環境を気に入り、「夫婦2人でのんびりしたい」と、夢の実現を心待ちにしていた。

ところが一つ、大きな問題があった。それは会社の事業承継である。

中村自身が親族を経営に関与させないという方針を取ってきたため、2人の子供たちはそれぞれ別の道を歩んでいる。また、ピークより落ちたとはいえ、会社の業績は堅調で、社員や取引先に対する責任を果たしていくうえでも廃業はあり得ない。60歳で引退するつもりだということも、すでに農業を始めていることも、社内で公言していた。「誰か社長になりたい人はいないか」と、半ば本気で社員に聞いてみたこともある。

ところが社員による事業承継は、後継者が資金を調達して会社の株式を買い取り、個人保証も切り替える必要があるなどハードルが高い。そこで中村は検討を重ねた結果、M&Aで事業承継を実施するという結論にたどり着いた。M&Aなら、良い買い手が見つかれば、事業がそのまま継続できて社員の雇用も守れるし、事業のさらなる発展も期待できる。そうなれば自分は安心してリタイアし農業に専念できる。誰にも迷惑はかからない。

会社を譲渡することについて「身売り」などのネガティブなイメージを抱くオーナー社長もいるが、中小企業におけるM&Aはほとんどが友好的なものである。中村は早速、取引先銀行の担当者や士業の知人に相談し、M&A専門仲介会社のB社を紹介された。

中村自身は技術者ではないが、創業時から技術者の育成に力を注いだ結果、技術力が高く評価され、大手機械メーカーをメイン顧客に安定した経営を続けてきた。年商7億円で無借金、業績堅調な優良企業であることから、B社のM&Aアドバイザーの森本純一は「良いお相手が見つかると思います」と、中村の依頼を引き受けた。

アドバイザリー契約を交わしてまもなく、森本は「買い手候補が見つかった」と中村の元を訪れた。候補先は3社で2社が同業、一社が機械メーカーである。このうち森本が強く勧めたのが、同業のSHマシナリーサービス株式会社だった。同社の大杉正社長はかねてから事業拡張を考えており、B社に「M&Aの良い相手先がいたら紹介してほしい」と打診していたというのだ。

中村も会社を譲渡するなら同業が良いと考えていた。企業風土が似ているとは限らないが、同業なら、自社の技術の高さと社員たちの働きぶりを評価してもらいやすいからだ。

SHマシナリーサービスは年商80億円で社員数は600名。上場企業で、ナカムラ機械技術の10倍以上の規模。

「これなら社員も安心して働けるに違いない。福利厚生制度も整い、全国に拠点があるので、社員たちの活躍の場も広がるだろう」

SHマシナリーサービスの会社資料に熱心に目を通す中村に、森本はこう切り出した。

「大杉社長は社員に『1人ひとりが〝主役〟になれ』とよく言うそうです。建てたばかりの立派な研修施設もあります。何よりも『社員の技術力を大切にする』という企業理念が、御社にピッタリではないかと思います」

研修施設の資料を見ても、社員の技術力を大切にする姿勢が明確である。『1人ひとりが〝主役〟になれ』という言葉も気に入った。「大杉社長とはどんな人物なのか。直接会って話してみたい」と、中村は興味を持ち始めた。

ほどなくして、中村と大杉のトップ面談が実現した。意外なことに、2人の会話はビジネスよりも農作物や農機具の話題を中心に進んだ。じつは大杉も自宅近くに小さな畑を持っていて、週末に野菜作りを楽しんでいるという。初対面にもかかわらず、2人は意気投合し、和やかな雰囲気で面談を終えた。

その後、両社はM＆Aに向けて動き始めた。中村はSHマシナリーサービスの研修施設を訪れ、社員教育にかける姿勢に共感。また同社の幹部も交えた会食の場も設けた。一方、森本はM＆Aに関する詳細な条件を詰め、両社は事実上の仮契約となる基本合意を締結。

その翌日、中村は幹部社員を社長室に集め、SHマシナリーサービスへの会社譲渡を決断したことを打ち明けた。

じつは中村はM＆Aについて、親族にも社員にも相談していなかった。複数の人に相談しても、さまざまな意見を聞いて迷うだけであり、人に話せば話すほど情報が漏れるリスクも高くなる。社員の士気低下につながるおそれもある。

中村は幹部社員の前で、

「みんな喜べ、株がお金に変わるぞ！」

と、開口一番に語った。

同社株式の約8割を中村が所有しているが、残りは幹部社員たちが持っている。全株式をSHマシナリーサービスに買い取ってもらうことが、M&Aの基本合意に含まれていたのである。

次いで中村は、他の社員たちにもM&Aを実施することを伝えた。

「買い手のSHマシナリーサービスは上場企業で、福利厚生制度や研修制度もしっかりしている。雇用条件や雇用環境は今と変わらないが、全国に拠点がありクライアント数も多いから、ステップアップのチャンスが大いにある。社風がうちとよく似ていて、新社長の人柄も素晴らしい」

終始にこやかに話す中村の笑顔に、最初は戸惑っていた社員の表情も和らいだ。中村が説明を終えたとき、突然拍手が巻き起こった。

「引退は寂しいけれど、これまで社長は会社のために十分尽くしてくれた。これからは自分の好きなことをしてほしい――」

社員は皆、そう思っていたのだ。

いざ会社を手放すとなると、やはり寂しい気もするが、会社の将来は安泰になり、自分も念願のセカンドライフを手に入れられる。社員たちもきっと、これまで以上に会社を盛り立ててくれるだろう。妻も子供たちも、心残りなく引退できたと聞けば、きっと喜ぶ。M&Aは皆にとってハッピーな選択だったと、改めて思う中村であった。

基本合意締結から約2カ月が経ち、本契約にあたる譲渡契約書への調印も行った。森本の提示額が妥当だと大杉が判断したため、金銭面で揉めることもなく、譲渡額は森本の最初の評価通りとなった。

同月末に中村は引退し、新経営陣の下で、ナカムラ機械技術は新たなスタートを切った。業績は引き続き堅調で、退職者が出ることもなく全員が働いている。M&Aの翌年には、SHマシナリーサービスの経営判断により、創業以来初めて、生え抜きの社員2名が取締役になった。

中村は引退後、会社の売却代金で栃木に新居を構え、新生活をスタートさせた。専業農家は楽ではないが、利益も少しずつ上がるようになり、セカンドライフを大いに楽しんでいる。引き継ぎが終わってからは、一切経営に関わっていない。今は、巣立ったわが子のさらなる成長を、遠くから見守っているような気持ちで農作業に精を出している。

第４章

会社を前向きに廃業する

1 廃業には、高齢・引退型と業績悪化型がある

1 高齢・引退型と業績悪化型とで廃業の進め方が変わる

会社を廃業するとき、高齢・引退型と業績悪化型との大きく2つのタイプがあります。

高齢・引退型は、社長が高齢となり、事業から引退したいのだけれど、親族や社内に後継者が不在で、また第三者への事業承継もできないため、廃業するケースです。

一般的には、会社の財務状態はさほど悪化しておらず、当面の資金繰りにも問題はないが、事業の規模がさほど大きくない場合が想定されます。

他方、業績悪化型は、業績不振で、今後も改善の見込みが立たず、このままずるずると事業を継続すると、更に状況が悪化し、債務超過への転落や資金ショートのおそれがあるため、倒産する前に、自ら廃業するケースです。

一般的には、会社の財務状態が悪化しており、資金繰りにもあまり余裕がない場合が想定されます。

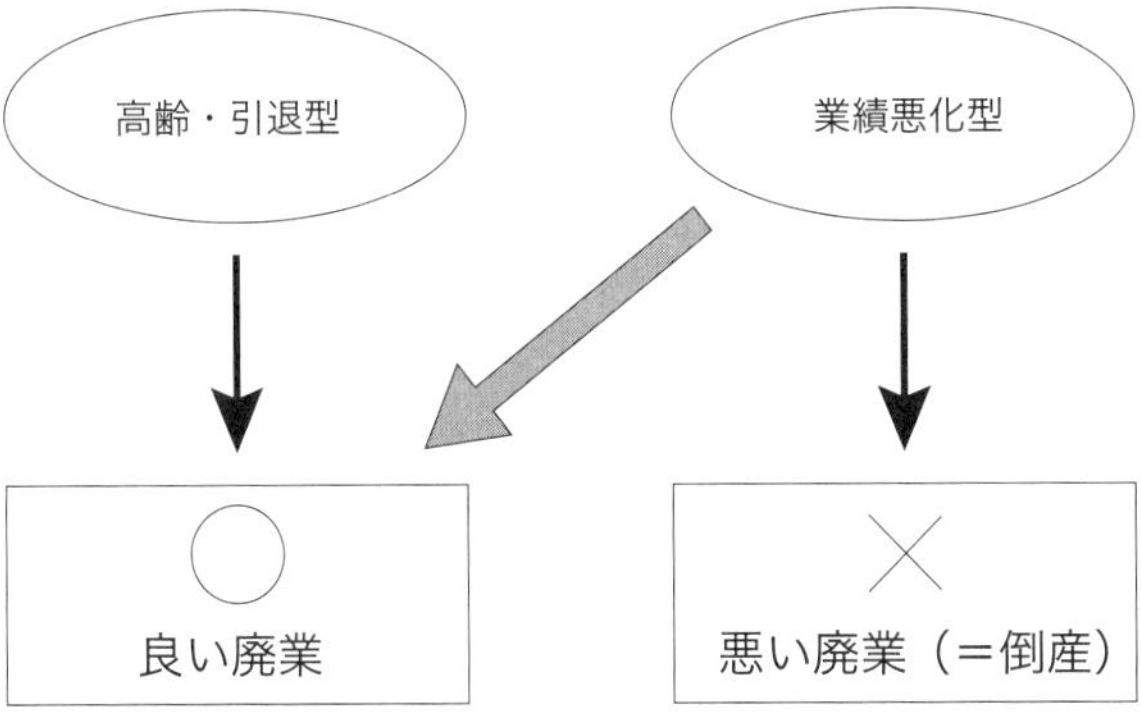

良い廃業と悪い廃業

この2つのいずれのタイプであるかによって、会社の廃業の進め方は異なってきます。

▼2　高齢・引退型は、良い廃業がしやすい

高齢・引退型の場合、足元の業績が大きく悪化しているというわけではないため、業績悪化型と異なり、事業を継続することにより、会社の資金、資産を食いつぶすという事情はありません。

したがって、廃業を検討する場合でも、財務状態もさほど悪くなく、自らの引退予定時期まで、時間的余裕があることになります。

業績悪化型のように、廃業の決断、実行まで

時間的に逼迫しているという状況ではありません。

そのため、自分のライフプランを踏まえて、自分が仕事から引退したい時期を検討した上で、それをターゲットにして、廃業のタイミングを検討することになります。

高齢・引退型の廃業を検討している場合は、廃業に際しての問題は少なく、良い廃業がしやすいです。そのため、もっぱら廃業に向けた段取りの検討や、廃業の手続面が重要となります（本章5、212頁）。

他方、業績悪化型の廃業の場合は、良い廃業が容易ではなく、廃業すべき判断基準や、廃業の決断の仕方など、とても難しい問題が生じます。

2　業績悪化型において、良い廃業をする

▼1　良い廃業と悪い廃業

廃業には、良い廃業と悪い廃業があります。

良い廃業とは、業績が悪化している中で、ずるずると事業継続をせずに、廃業すべきタイミングを逃さず、取引先や従業員等の会社の関係者や家族に迷惑をかけないで、ソフトランディングで会社をたたむやり方です。

悪い廃業とは、業績改善の見込みもないのに、ずるずると事業を継続して、その結果として、会社が債務超過となり、資金ショートを起こして、突然、倒産するやり方です。

▼2 悪い廃業=倒産すると、何が起こるのか

悪い廃業の場合、つまり、会社を廃業すべきタイミングを逸して、その後、倒産してしまった場合、どのような事態が生じて、会社関係者にはどのような迷惑をかけてしまうのでしょうか。

例えば、まず、突然、手形不渡り等の資金ショートを起こしてしまい、その後に最終的に破産手続が開始され、会社が清算される場合を想定してみます。

悪い廃業の問題点

① 債権者の取り付け騒ぎが起きる
② 顧客に迷惑をかける
③ 債権者に対して、債務の全額弁済ができなくなる
④ 従業員にも迷惑をかける
⑤ 家族にも迷惑をかける
⑥ 倒産までの間、未来のない資金繰り地獄に追われ続ける
⑦ 会社清算後の自分の生活の準備ができなくなる

1 債権者の取り付け騒ぎが起こります

まず資金ショートにより、債権者の取り付け騒ぎが起こります。企業の資金ショートという情報は、信用情報会社の公表や、業界の情報としてすぐに関係者間に出回りますので、仕入先や買掛先等の取引債権者が会社に殺到して、状況説明を求められます。また金融機関やリース会社等の金融債権者の担当者も来社して、同様に事情説明を求められます。

そして、多くの場合、会社に詰めかけた債権者から、自社の債権のみ即時に支払うように詰め寄られます。このとき、特定の債権者のみに債務の弁済を行うと偏頗《へんぱ》行為となってしまいます。

偏頗行為とは、債権者平等を害する特定の

債権者への弁済や、担保の設定行為を言います。倒産した場合、企業の破綻が明白となります。このような場合、債権者へ債務全額を支払うことは困難な状況となりますので、破産法等の倒産法により、債権者平等の原則が適用されることとなります。そして、弁済後に破産となった場合、破産管財人によって既になされた弁済について否認権が行使され、弁済の効果が否定されることとなります。その場合、その債権者は弁済として受けたお金を返還する必要が生じます。

また、このような偏頗行為は、債権者平等を害する行為であるため、場合によっては犯罪（特定の債権者に対する担保の供与等の罪）となることすらあります。

2　顧客に迷惑をかけます

資金ショートを起こすと、その直後に取り付け騒ぎが起きますので、事業が突然停止する可能性があります。

そうなると、顧客に対して今まで納品していた製品やサービスの提供が、突然停止することとなります。その結果、顧客において、製造ラインが止まったり、事業に支障が生じる等して、顧客に迷惑をかけることになります。

3　債権者に対して、債務の全額弁済ができなくなります

通常、資金ショートを起こすような場合は、無理に無理を重ねて事業継続していますので、その時点で会社の財務状態も悪化しており、既に大幅な債務超過（資産総額より債務総額の方が大きい状態）に陥っています。既に債務超過の状態にあれば、当然ながら、資産を換価しても債務の全額を支払えないこととなりますので、債務を全額支払うことができなくなります。

更に、会社が倒産して破産することによって、その資産価値は一変し、大きく劣化して、減少することになります。

会社が破産した場合、実際に資産の換価回収を行うのは破産管財人になりますが、まず、売掛金が全額回収できないことが多くなります。突然の倒産により、顧客に出荷停止やサービス停止等の迷惑をかけることとなり、顧客のラインや業務が止まる等して、損害賠償請求を受けることがあるからです。

また、原材料や半製品、在庫等も二束三文になります。これらの流動資産は、会社が事業継続しているからこそ価値が生じるものです。会社が破産してしまえば、原材料や半製

品は価値がほぼゼロになり、また在庫等はたたき売りになってしまうのが通常です。

更に、通常、自社のグループ会社も連鎖倒産することになり、そうなればグループ会社に対する貸付金や株式等も価値がなくなってしまいます。

このように倒産して破産すれば、資産価値は大幅に減少します。

4　従業員にも迷惑をかけます

まず、従業員は突然の倒産による事業停止により、急遽、職を失うこととなります。

また、会社が破産した場合、資産価値が著しく減少します。そして、その結果、債務超過の程度が著しくなれば、従業員に対する未払給料や、解雇予告手当、退職金等の労働債権の支払原資にも不足する可能性があります。

その場合、労働債権すらも全額支払えず、今まで企業を支えてきてくれた従業員にも迷惑をかけることになります。

5　家族にも迷惑をかけます

業績不振で再建が困難であるにもかかわらず、無理をして資金繰りをつないで事業継続する場合、家族に負担をかけてしまうことが多くあります。例えば、資金確保のため、金融機関から借り増し等をして、家族の個人名義の資産を担保に入れたり、家族を連帯保証人として追加する場合です。また、家族から借入を行い、会社の事業資金に充てることもあります。

しかし、破産した場合、家族名義の資産も借入金の返済に充てられ、連帯保証人としての責任を追及されることになます。また、家族からの借入金も返済できなくなり、そうなると家族にも多大な迷惑をかけて、家族の生活基盤まで脅かされることになります。

6　倒産までの間、未来のない資金繰り地獄に追われ続けます

悪い廃業、すなわち、業績回復の見込みもないのに、ずるずると事業を継続して倒産するような場合、事業継続している間に、資金繰りもどんどん悪化していきます。

そして、目先の資金ショートを回避するために、自分の貯金や家族、親族、知人からの借入金を会社の事業資金に充てて費消するようになります。また、金融機関からの借り増し等に際して、家族の資産を担保に入れたり、連帯保証人にさせてしまうこともあります。

また、取引先から借入をしたり、支払サイトの延長を求めて、取引先からの与信を増や

してしまうこともあります。また、取引先との間で融通手形を乱発してしまうこともあります。その後倒産してしまった場合、取引先に与える損失が増大します。

更には、消費者金融等から高利でのローンを借りてしまう場合もあります。高利のローンを借りることは、あたかも喉が渇いているときに塩水を飲むようなものです。その場は一時的に楽になったと感じるかもしれませんが、結局、その金利負担が重くのしかかり、従前よりももっとひどく資金繰りに苦しむようになります。

そして、このような事態に陥り、状況がどんどん悪化して泥沼にはまって、資金繰りはますます悪化します。再建の見込みという未来が全く見えない中で、いわば資金繰り地獄に追われ続ける状態となってしまいます。資金繰りに追われる状態というのは、後ろ向きの心配、不安により、日夜を問わず強いプレッシャーがかかり続け、本当につらいものです。

7　会社清算後の自分の生活の準備ができなくなります

会社清算後も自分の人生は続きます。自分や家族の資金を全て会社の資金繰りにつぎ込んでしまうと、生活資金を使い切ってしまい、余力のない状態で職を失うことになって、その後の生活維持が困難となります。経営者には失業保険もありません。

▼3　良い廃業には、いろいろなメリットがあります

それでは、適切なタイミングで廃業を決断し、良い廃業をした場合、どのようなメリットがあるのでしょうか。良い廃業をすれば、ずるずる事業継続していく中で事態が悪化して、突然倒産する事態を回避することができます。

1　倒産による混乱を回避できます

前述の通り、突然、資金ショートを起こした場合、債権者の取り付け騒ぎが起きます。また、倒産による混乱が生じます。

しかし、あらかじめスケジュールを定めて廃業を行う場合、債権者対応について適切な段取りを組むことができ、そのような混乱を回避することができます。

2　顧客に迷惑をかけることがありません

良い廃業のメリット

① 倒産による混乱を回避できる
② 顧客に迷惑をかけることがない
③ 債権者に対して、債務の全額弁済も可能
④ 従業員に、できるだけ迷惑をかけない
⑤ 家族に迷惑をかけない
⑥ 未来のない資金繰り地獄に陥ることを回避できる
⑦ 廃業後の自分の生活資金を確保できる

顧客に対する納品やサービス提供を、突然、停止すれば、顧客の事業にも支障が生じ、多大な迷惑をかけることにもなります。

しかし、あらかじめ時間的余裕を持って廃業のスケジュールを組めば、顧客に対しても、事前に多めに納品しておいたり、他社への切り替え等の時間的余裕を持ってもらうことができます。これらの適切な段取りを組むことができて、顧客に迷惑をかけることを回避することができます。

また、前述の通り、会社が突然事業停止した場合、顧客が迷惑をかけられたとして、損害賠償を主張し、売掛金の回収が滞る可能性があります。しかし、廃業の場合であれば、そのような事態を回避して、しっかりと売掛

金を回収することができます。

3　債権者に対して、債務の全額弁済も可能です

良い廃業をするためには、適正な決算を行い、また清算貸借対照表（74頁）も作成して、リアルタイムで自社の財務状態を把握しておくことが重要です。

そして、これができていれば、会社が債務超過になるタイミングがシミュレーションできますので、そのタイミングを考慮しながら債務超過になる前に、会社を廃業することができます。

そして、資産超過の状態で廃業すれば、会社の債務を全額弁済することができ、金融機関や仕入先等の債権者に迷惑をかけることもありません。

また、自分の立てたスケジュールの中で、廃業することにより、仕入れや在庫の量を調整することができ、買掛金、未払金等の金額をコントロールすることもできます。

4　従業員にできるだけ迷惑をかけません

会社の資金繰りを調整して、手元現預金を確保した上で廃業することによって、未払給

与、退職金等の労働債権は全額、適時に支払うことができます。

また、情報管理の問題（２３２頁）はありますが、ある程度、スケジュールに余裕を持って従業員に廃業の方針を伝えて、その後廃業することも可能です。そうすれば、従業員も、廃業までの間、他社への転職や起業等、自分の身の振り方について検討する時間が確保できます。

5　家族に迷惑をかけません

良い廃業の場合、業績が著しく悪化する前に、事業継続を断念します。そのため、家族から事業資金を借り入れたり、金融機関からの借り増しのために連帯保証人や担保提供者になってもらうこともありません。

6　未来のない資金繰り地獄に陥ることを回避できます

悪い廃業における資金繰り地獄には、全く未来がありません。単に、目先の資金ショートを回避するために、将来に希望もない中で、返済の見込みがないお金の手当に追われているだけの状態です。

しかし、適切な時期に廃業することによって、そのような状態に陥ることを回避できます。

7 廃業後の自分の生活資金を確保できます

自分や家族の資金を全て会社の資金繰りにつぎ込む前に、一定の生活資金を確保した上で、新しい人生のスタートを切ることができます。

また、より積極的に早いタイミングで廃業して、債務を全て支払った後に会社に残余財産が残る状態であれば、会社に投下した自己資金を回収することもできます。

3 業績悪化型において、廃業を決断すべきタイミング

▼1 赤字の改善見込みが立たないときは、廃業すべき

良い廃業とは、ずるずると事業継続せずに、廃業すべきタイミングを逃さず、会社の関

係者に迷惑をかけないで、会社をたたむやり方です。

それでは、業績悪化型において、廃業すべきタイミングの判断基準は、どのようなものでしょうか。それは、会社の赤字の改善の見込みが立たないときです。

会社が赤字ということは、事業継続することにより、会社の資金、資産を食いつぶしている状態です。そのままでは、債務超過転落や、資金ショートのおそれがあります。そうなってしまうと、廃業すらできずに、倒産手続になる可能性が高くなります。

殊に、営業損益で赤字が続いている場合は、本業が赤字であるということになり、問題は深刻になります。このような場合、その会社の事業価値は、収益還元法（将来の収益を現在価値に割り引いて、事業価値等を算出する方法）で考えるとむしろマイナスである、ということになってしまいます。

見かけ上は黒字であっても、減価償却費をわざと計上しなかったり、社長や家族である役員の報酬を計上しないで、ようやく黒字や損益トントンになっているような場合も、実質的には赤字ということになりますので、同様の問題が生じます。

会社が赤字の場合、赤字の原因を分析して、その原因を除去して黒字化できるか否かを検討する必要があります。そして検討の結果、黒字化の見込みが立たないときは、事業を継続すればするほど、会社の資産が減少することになりますので、早期の廃業を検討すべきことになります。

事業の収益性の分析については、第1章4－3（48頁）で詳述していますので、そちらをご参照ください。

▼2　事業の一部撤退や、事業の一部を譲渡して廃業する手法もある

中小企業、殊に小規模な企業の場合は、会社の事業は単独である場合が多いです。ただ、中小企業であっても、会社に複数の事業が存在する場合もあります。

また、事業は単独であっても、販売先や商品ごとに、利益の出る部分と出ない部分があるなど、事業をいくつかのカテゴリーに分けられる場合もあります。

このような場合、会社の損益を分析するときは、会社全体の損益だけでなく、事業ごとまたはカテゴリーごとの損益に分割して、分析する必要があります。会社全体としては赤字でも、事業別またはカテゴリー別に見ると、収益性があって黒字の部分が存在する場合もあるからです。そのような場合は、

- **再生の可能性は、各事業ごとに判断される**
  会社全体としては赤字でも、事業別に見ると、収益性のある部門が存在する場合（下表太字）

① **選択と集中**
　＝収益性の低い事業から撤退して、収益性のある事業に集中して再生

② **会社分割、事業譲渡＋会社清算（特別清算、破産）**
　＝収益性のある事業だけ分離して、会社としては清算する

状況	スキーム
全事業について、収益性が低く、改善の見込みがない	清算（廃業、破産、特別清算）
会社全体では赤字だが、事業別に見ると、収益性のある部門が存在する	**①一部事業から撤退して、再生 ②事業譲渡、会社分割＋会社清算**
全事業について、収益性がある ➡本業でない事業（不動産投資等）による特別損失他	全事業を存続 ➡債務整理して再生

再生可能性と手法の判断基準

①「選択と集中」をして、収益性の低い事業から撤退して、収益性のある事業に集中して再生することが考えられます。

また、②収益性のある黒字の事業部門だけを、事業譲渡や会社分割により分離して、会社としては清算する手法もあります。

なお、③全事業について収益性があるが、一時的な特別損失を計上したことにより、財務体質が悪化している場合は、債務整理手続を行った上で全事業を存続させる手法が考えられます。

ここで重要なことは、赤字部門が存在して、会社全体では黒字化の見込みが立たないにもかかわらず、一部の事業やカテゴリーでは利

益が出ているということを理由（言い訳）として、ずるずるとそのまま何もせずに事業を継続してはならない、ということです。会社全体として黒字化の見込みがない場合は、既にそのままの状態で事業継続すべきではない状況に陥っていますから、直ちに前記①、②のような施策を講じる必要があります。

▼3 良い廃業をするには、タイミングを逃さないで決断することが重要

以上述べたとおり、会社の業績が悪化していて、廃業を検討する場合は、その検討をしている間にも、どんどん会社の資金、資産を食いつぶしていることになります。更に、経営状態が悪化しているにもかかわらず、「まだがんばれる」として無理を重ねると、いつの間にか資金繰りが悪化したり、債務超過に転落したりして、廃業できるタイミングを逸してしまうこともあります。そのような状況になると、もはや廃業はできず、倒産手続をとらざるをえなくなります。

また、廃業をするには、種々の段取りや手続が必要であり（本章5、212頁）、それには一定の期間を要します。そのため、廃業すべきタイミングを検討したら、それをXデー

として、その日に向けた準備を着々と進めることが必要です。

そして、Xデーを設定したら、会社の経営状態を客観視しつつ、問題を先送りせずに勇気を持って、タイミングを逃さないように、廃業を決断、実行することが重要です。無謀ながんばりをしてはいけません。

4　なぜ廃業を決断できないのか

1　廃業を決断できない理由は何なのか

会社の業績改善の見通しが立たない場合は、タイミングを逃さないで、廃業を決断し、実行することが重要です。そうすることによって、会社を取り巻く状況をそれ以上悪化させないようにすることができ、会社の関係者にかける迷惑も最小限にすることができます。

しかし、多くの場合、社長はそのような決断をすることはできず、ずるずると事業を継続して、状況を更に悪化させてしまいます。そして、最終的には倒産に至ってしまい、自身が非常に苦労をするだけではなく、会社関係者にも多大な迷惑と損失を与えてしまいます。

それでは、なぜ社長は廃業を決断することができないのでしょうか。その理由を考えてみます。

▼2 「関係者に迷惑をかけたくない」

廃業を検討したときに、多くの社長が考えることは、「廃業したら、顧客や仕入先、従業員に迷惑がかかる。だから、廃業できない」ということです。

しかし、本当にそうなのでしょうか。その考えは正しいのでしょうか。

もちろん、今後、業績が改善する見込みがあり、このままの状態で事業が継続可能という状況であれば、がんばって事業継続して、関係者に迷惑をかけないようにするというのも1つの選択肢でしょう。

しかし、会社が赤字で、業績改善の見込みが立たず、事業の継続が危うい状態であれば異なります。前述の通り、会社が赤字ということは、会社の資金、資産を食いつぶしている状態です。それを改善せずにがんばっているだけでは、どんどん会社の状態は悪化していくだけです。そのような場合、無理にがんばりすぎると、適時に廃業した場合と比べて、かえって関係者に多大な迷惑をかけてしまうことになります。

1 「納品やサービスが止まれば、顧客に迷惑をかける」

顧客について言えば、会社が時間的余裕を持って廃業するのであれば、その間に代わりの業者を確保することや、自社での手当をする等、代替手段を用意することが可能です。しかし、むやみに事業を継続した結果、突然、資金ショートして、事業停止した場合はそうはいきません。そうなれば、顧客の事業活動にも支障が生じるおそれがあり、かえって多大な迷惑をかけることになりかねません。

2 「取引をやめれば、仕入先、金融機関に迷惑がかかる」

仕入先について言えば、会社の財務状態が悪化する前で、まだ資産超過の状況のときに、会社が廃業して債務の弁済がなされるのであれば、買掛債務の全額かそれに近い金額が支払可能となります。

しかし、むやみに事業継続した場合、その間に会社は資金、資産を食いつぶして、債務超過に転落し、更にその債務超過額がどんどん膨らむことになります。

また、前述の通り、倒産した場合、倒産したことによって会社の資産価値は著しく毀損して下落します。その結果、倒産することによって、仕入先に対する債務の弁済率は相当低下します。

その他、むやみに事業継続した結果、仕入先からの仕入れを増やしたりするなどして、仕入先の与信、債権額が増加した場合は、会社倒産によって仕入先が被る損害は更に拡大することになります。

金融機関も同様です。事業継続したことによって、債務超過額が膨らめば、回収不能額が増えて、損失が拡大します。

3 「従業員が路頭に迷う」

従業員はどうでしょうか。確かに、中小企業の場合、大企業と異なって、会社と従業員の関係は密接です。廃業した場合の従業員の将来は、とても心配になります。

しかし、業績が悪化して改善の見込みがない場合は、いずれにしてもそのまま事業継続をすることはできない状態なのです。遅かれ早かれ、廃業するか、あるいはそれが決断できなかった場合でも、いずれ会社は倒産せざるをえないことになります。つまり、既に、従業員の職を確保することはできない状態になっているのです。

そうであれば、従業員についても、適時に廃業をして、取引先に迷惑をかけないようにしながら、早期に次の職を探してもらった方が、本人のためになるのではないでしょうか。倒産して急に放り出されて職を失うよりも、ソフトランディングで適時に廃業した方が、次の職を探す多少の時間的余裕も生まれることになります。

4 「連帯保証人に負担をかける」

連帯保証人については、どうでしょうか。まだ会社が債務超過になっていない段階で、タイミングを逃さないで適時に会社を廃業すれば、会社の資産で債務を完済することができますので、連帯保証人に迷惑をかけることはありません。

しかし、廃業すべきタイミングを逃し、ずるずると事業継続した結果、会社の資金、資産を食いつぶして債務超過に転落してしまうと、連帯保証人に対しても、会社の負債について請求がなされることになってしまいます。そして、むやみに事業継続することにより、債務超過額はどんどん膨らみ、連帯保証人の損失も増大するのです。

▼3 「廃業は負けを認めることであり、プライドが許さない」

廃業することは、経営者として負けを認めることであり、プライドが許さないという心情もあると思います。

しかし、日本の社会構造は大きく変化してきています。少子高齢化が著しく進み、また人口減社会になろうとしています。日本の総人口は、2008年をピークに、ここ数年は1億2700万人前後でほぼ横ばいであり、今後は減少が見込まれています（4頁）。総人口が減少すれば、国内市場はどんどん縮小していきます。

製造業において、生産工程のピラミッドの頂点に位置する大手企業は、為替変動や国内市場の縮小への対策として海外展開を進めています。大手企業が、生産拠点を海外に移転すると、納入業者や外注業者の仕事も海外に移管されてしまい、日本での仕事がなくなってきます。しかし、中小企業にとっては、海外展開は必ずしも容易ではありません。

建設業では、公共工事の減少により、その分の受注が減少しています。また、街の商店

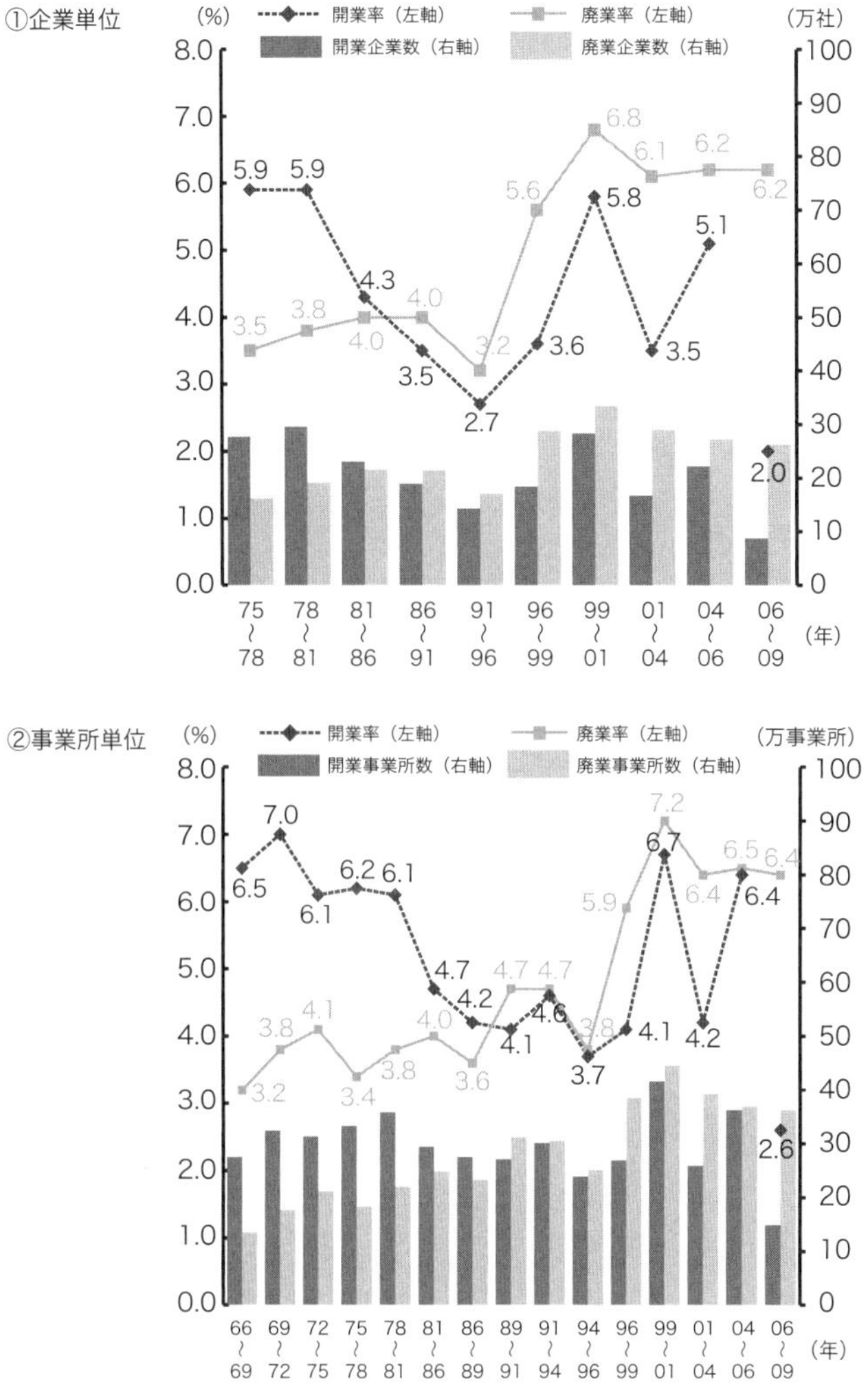

開廃業率と開廃業数の推移

（出所：2011 年　中小企業白書）

街は、大手スーパーやコンビニの進出により顧客を失っています。

　このように、社会構造の変化により、既存の多くの事業において利益の確保が容易ではない状態となっています。その結果、企業の廃業数も高水準で推移しています。

　企業の開業数と廃業数をまとめたデータがあります。１９８６年頃までは、開業数が廃業数を上回っていましたが、その後逆転に転じ、一貫して廃業数が開業数を上回る状態が続いています。２００６~２００９年においては、廃業数が開業数を大きく上回る状況に至っています。

　企業の廃業数の増加は、社会構造の変化によるものであり、どうしても避け難い時代の流れです。会社の開業と廃業は、経済社会における新陳代謝であり、廃業も一定数は必然的に生じる事象なのです。

　このような社会情勢の中で、会社を廃業することは何ら恥ずべきことではありません。むしろ、勇気を持って、適切なタイミングでの廃業を決断、実行せず、状況を更に悪化させてしまい、会社関係者に迷惑をかけてしまうことこそ、恥ずべきことなのではないでしょうか。

　状況を悪化させる前に廃業し、一旦リセットした上で、新たな人生のスタートを切ればよいのです。

▼４「事業は自分の人生そのものであり、廃業＝人生の終わりである」

客観的に申し上げると、事業の終わりが、人生の終わりではありません。廃業をしても、自分の人生は続きます。

業績が悪化している場合、会社の資金繰りのことで頭がいっぱいになり、その後の人生のことを考える余裕はなかなかないでしょう。しかし、それは廃業するまでの間のことであり、廃業後は、否が応でも新たな人生のスタートを切ることになるのです。

その時、あなたは何をするのでしょうか。廃業＝人生の終わりと考えてしまう状態から頭を切り換えてみましょう。廃業後も人生は続くことを思い出して、自分で廃業後の人生を想像し、青写真を描いてみる必要があります。

▼5 「廃業後の金銭面が心配だ」

廃業後の、金銭面、生活面での心配も生じます。廃業後に収入が途絶えたら、どのように生きていけばいいのか、と。社長には、失業保険はありません。

この点、早期に廃業をして、自分や家族の手元資金を残せれば、しばらくはそれを原資にして生活し、再出発に向けた準備をすることができます。これが一番理想的な状況です。

また、仮に自分や家族の手元資金が既に枯渇していても、適切なタイミングで廃業することにより、関係者に迷惑をかけないで会社をたたむことができます。これによって、再出発に向けた心の余裕ができ、新たなスタートを切りやすくなります。

▼6 廃業しても、再起業はできる

日本社会は失敗に厳しく、再挑戦を許さない、と言われます。確かに、そのような風土はありますが、現在、政府は、経済活性化のため、廃業後の再挑戦について様々な支援制度を設けています。そこで、これらの制度を利用しつつ、廃業後に起業に再挑戦するという選択肢もあります。

1　中小企業庁の再挑戦支援窓口を利用する

中小企業庁では、中小企業の事業撤退・転換や、過去に事業に失敗した中小企業経営者の再起業を支援するため、全国３６１カ所の商工会議所及び商工会連合会に「再チャレンジ支援窓口」を開設しています。

起業に再挑戦する意欲がある社長は、このような窓口を利用してみるのも手です。

2　再挑戦保証制度を利用して、資金を調達する

中小企業庁は、再挑戦保証制度により、過去に経営状況の悪化により個人事業を廃止した人や、経営していた会社を解散した経験を有する人の再起業に必要な資金の調達を支援しています。

本制度は、金融機関から融資を受けづらい過去に廃業経験を有する人の資金調達を、信用保証協会が債務保証をすることにより円滑化を図るというものです。

平成19(2007)年度早期転換・再挑戦支援窓口事業「再チャレンジ支援窓口」の開設!

中小企業庁では、「再チャレンジ支援総合プラン」(平成18(2006)年12月25日「多様な機会のある社会」推進会議決定)に基づき、何度でもチャレンジできる社会の構築を目指して、過去に事業に失敗した中小企業経営者の再起業を支援するため、今年度から、全国361カ所の商工会議所及び商工会連合会に「再チャレンジ支援窓口」を開設します。

本事業では、中小企業経営者の早期の事業転換や廃業経験者の再起業に対し、相談窓口でのアドバイスや専門家によるサポートを行っていきます。

1. 目的

事業継続の見通しがつかない中小企業の経営者は、事業・財務のリストラが遅れて借入債務が膨らみ、結果的に再チャレンジの大きな障害となることが少なくありません。また、廃業経験者が再起業をしようとした場合、その支援環境は十分ではありません。

そこで、事業が極めて悪化する前の段階にある中小企業や再起業を行おうとする方が気軽に相談でき、事業撤退・転換や再起業に関するアドバイス・サポートを得られるようにするため、相談窓口を設置するものです。

2. 実施体制

中小企業庁から日本商工会議所及び全国商工会連合会への業務委託により、全国各地の商工会議所及び都道府県商工会連合会の事務所のうち361カ所に、早期転換・再挑戦支援窓口を新たに設置します。(別紙参照)

3. 事業内容

各地の早期転換・再挑戦窓口では、相談員が常駐し、事業の継続が困難になった中小企業の経営者や廃業経験を有する個人から、事業撤退・転換や再起業に関する相談を無料で受け付けます。

具体的には、事業撤退・転換の相談に対して、

a. 各窓口の相談員が財務諸表等に基づく経営診断を実施し、早期の事業撤退・転換につきアドバイスを行うとともに、

b. 必要に応じ、弁護士、会計士や税理士等の専門家を派遣して、事業の撤退・転換に対するサポートを行います。

また、再起業の相談に対しては、

a. 各窓口の相談員がアドバイスを行うとともに、

b. 必要に応じ、会計士や中小企業診断士等の派遣や、中小企業金融公庫や国民生活金融公庫等の再チャレンジ支援機関との連携により、再起業に対するサポートを行います。

中小企業庁創業連携推進課

※中小企業庁のHPから抜粋

『再チャレンジするために必要な資金の保証を受けたい』

再挑戦保証制度

事業に失敗した経験を有する方の再起業に必要な資金の調達を支援します。

対象となる方

過去に経営状況の悪化により個人事業を廃止もしくは、経営していた会社を解散した経験を有する方で、次の(1)～(4)に掲げる要件を満たす方。ただし、当該個人事業廃止の日もしくは会社を解散した日から5年を経過する前に再挑戦支援保証の委託を申し込んだ方に限ります。

(1)現在、事業を営んでいない個人であって、1月以内に新たに個人事業を開始する具体的計画を有する方

(2)現在、事業を営んでいない個人であって、2月以内に新たな会社を設立し、当該会社が事業を開始する具体的計画を有する方

(3)事業を営んでいない個人が事業を開始し、その後5年を経過していない個人事業主の方

(4)事業を営んでいない個人により設立された会社であって、その設立の日以後5年を経過していない会社

※保証申込時に過去の廃業した事業の負債がある場合、整理される見通しがなければ対象となりません。

支援内容

金融機関が回避的になりがちな過去に廃業経験を有する創業者の資金調達を、信用保証協会が債務保証をすることにより円滑化を図ります。

■保証限度額

1,000万円

※他の保証の利用状況によっては、ご利用になれない場合がございます。

■保証料率

各信用保証協会所定の信用保証料率が適用されます。

■保証期間

保証期間　10年以内

■担保・保証人条件

原則として法人代表者を除いて保証人は徴求しません。

物的担保は不要です。

ご利用方法

■保証申込み

▶金融機関を通じて申し込むことになります。

▶協会所定の保証申込書類、創業・再挑戦計画書に加え、対象者要件の確認のために過去の事業経験等を記した「資格要件申告書」及び「廃業事実の確認資料」の提出が必要となります。

※必要書類の詳細については、各金融機関または各信用保証協会にお問い合わせ下さい

※中小企業庁のHPより抜粋

日本政策金融公庫の再挑戦支援資金（再チャレンジ支援融資）

日本政策金融公庫 国民生活事業では、「再挑戦支援資金」などのご融資を通じて、廃業歴等のある方で創業に再チャレンジされる方のお手伝いをさせていただいております。

詳しくは、支店の窓口までお問い合わせください。

再挑戦支援資金の概要

<table>
<tr><th>ご利用いただける方</th><td colspan="2">新たに開業する方または開業後概ね7年以内の方で、次の全てに該当する方

1．廃業歴等を有する個人または廃業歴等を有する経営者が営む法人であること
2．廃業時の負債が新たな事業に影響を与えない程度に整理される見込み等であること
3．廃業の理由・事情がやむを得ないもの等であること</td></tr>
<tr><th>資金の使いみち</th><td colspan="2">新たに事業を始めるため、または事業開始後に必要とする設備資金及び運転資金</td></tr>
<tr><th>融資限度額</th><td colspan="2">7,200万円以内（うち運転資金4,800万円）</td></tr>
<tr><th rowspan="2">ご返済期間</th><td>設備資金</td><td>15年以内(特に必要な場合は20年以内)
<うち据置期間3年以内></td></tr>
<tr><td>運転資金</td><td>5年以内（特に必要な場合7年以内）
<うち据置期間1年以内></td></tr>
<tr><th>担保・保証人</th><td colspan="2">お客さまのご希望を伺いながらご相談させていただきます。</td></tr>
</table>

※ご返済期間、担保の有無などによって異なる利率が適用されます。

（出所：日本政策金融公庫のHPより抜粋）

保証限度額は、１０００万円で、原則として法人代表者を除いて保証人は徴求せず、物的担保も不要とされています。

３　再挑戦支援資金（再チャレンジ支援融資）を利用して、資金調達する

日本政策金融公庫は、国民生活事業として、再挑戦支援資金の融資を行い、過去に廃業経験のある人に対する融資を行い、支援しています。

融資限度額は、７２００万円（うち運転資金４８００万円）で、担保、保証人については、応相談とされています。

▼７　廃業は、遭難を回避するためのエスケープ・ルート

会社経営を登山になぞらえるならば、経営者が頂上を目指して歩みを進めていても、外部的な天候の悪化や、内部的な体調の変化等により、時には登頂が困難になることもあります。廃業は、そのようなときに、遭難を回避して無事に下山するためのエスケープ・ルートなのです。

登頂が困難となって、自分や登山隊の仲間に身の危険が生じているにもかかわらず、無謀にも登山を続けることは絶対にしてはならないことです。そのようなときは、勇気を持って登頂を断念し、安全なエスケープ・ルートを通って無事に下山して、自分や仲間を守る必要があります。

また、自分が無理をして遭難すれば、自分や仲間に危険が及ぶだけでなく、関係者にも多大な迷惑をかけることになります。ときには、関係者を巻き込む二次災害すら起こしかねません。

廃業は、勇気ある撤退であり、自分や家族、会社の役員、従業員、取引先等の会社関係者を守るためのエスケープ・ルートなのです。

5 廃業の手続

1 廃業するための手続

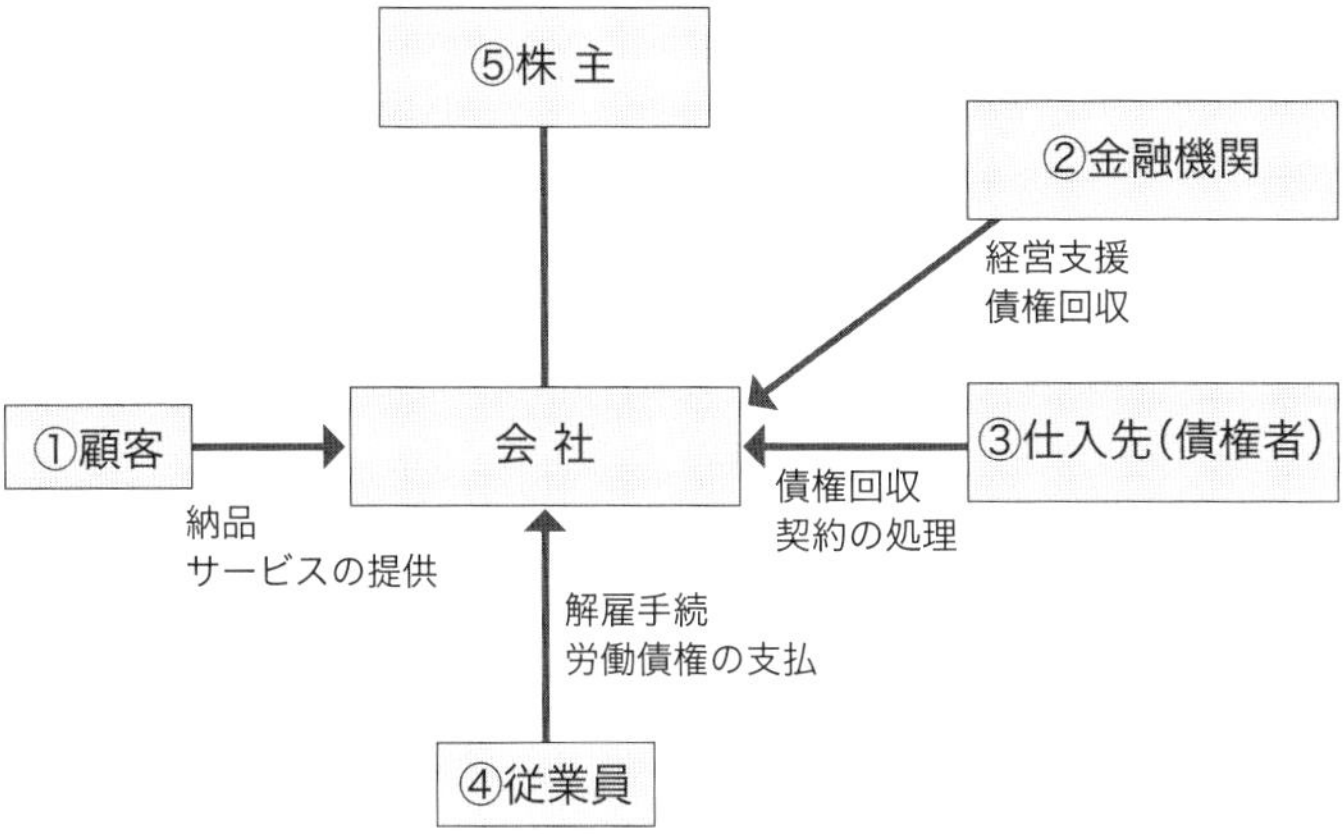

会社関係者

会社の廃業とは、どのような手続なのでしょうか。

1 実体面の処理

廃業の実体面（事業、法律関係、資産と負債）の処理は、以下の通りです。

会社が行っていた全ての事業について廃止し、または譲渡します。

会社の関係者としては、社外には、①顧客、②金融機関、③仕入先、社内には、④従業員、⑤株主がいます。これらの社外の関係者との取引関係を１つ１つ完結し、終了させていきます。そして、従業員は解雇します。

会社の資産、負債については、まず、会社の資産を換価、回収して現預金に換え、それを原資として会社の全ての負債について返済し、または債務免除を受けます。これによって、会社の資産、負債をいずれもゼロにします。

その上で、残余財産があれば、株主にその分配を行います。

2 手続面の処理

廃業の手続面（会社解散・清算手続）の処理は、以下の通りです。

i 株主総会の解散決議等によって、会社を解散します。

会社の法人格は、解散によって直ちに消滅するわけではなく、解散後、会社は清算手続に入ります。

ii 清算手続に入ると、取締役はその地位を失い、清算人が取って代わり、会社の清算業務を遂行します。清算人は株主総会の決議等で選任されます。

iii 会社の解散前においても、前述の会社の実体面の処理を開始することは可能です。

他方、解散後は、清算手続が開始して、会社は清算のみを目的とする存在になりますので、清算という目的を超えて、新たに取引を開始することはできなくなります。

解散後の清算手続においては、会社は継続中の取引、事務を完結させるだけになりま

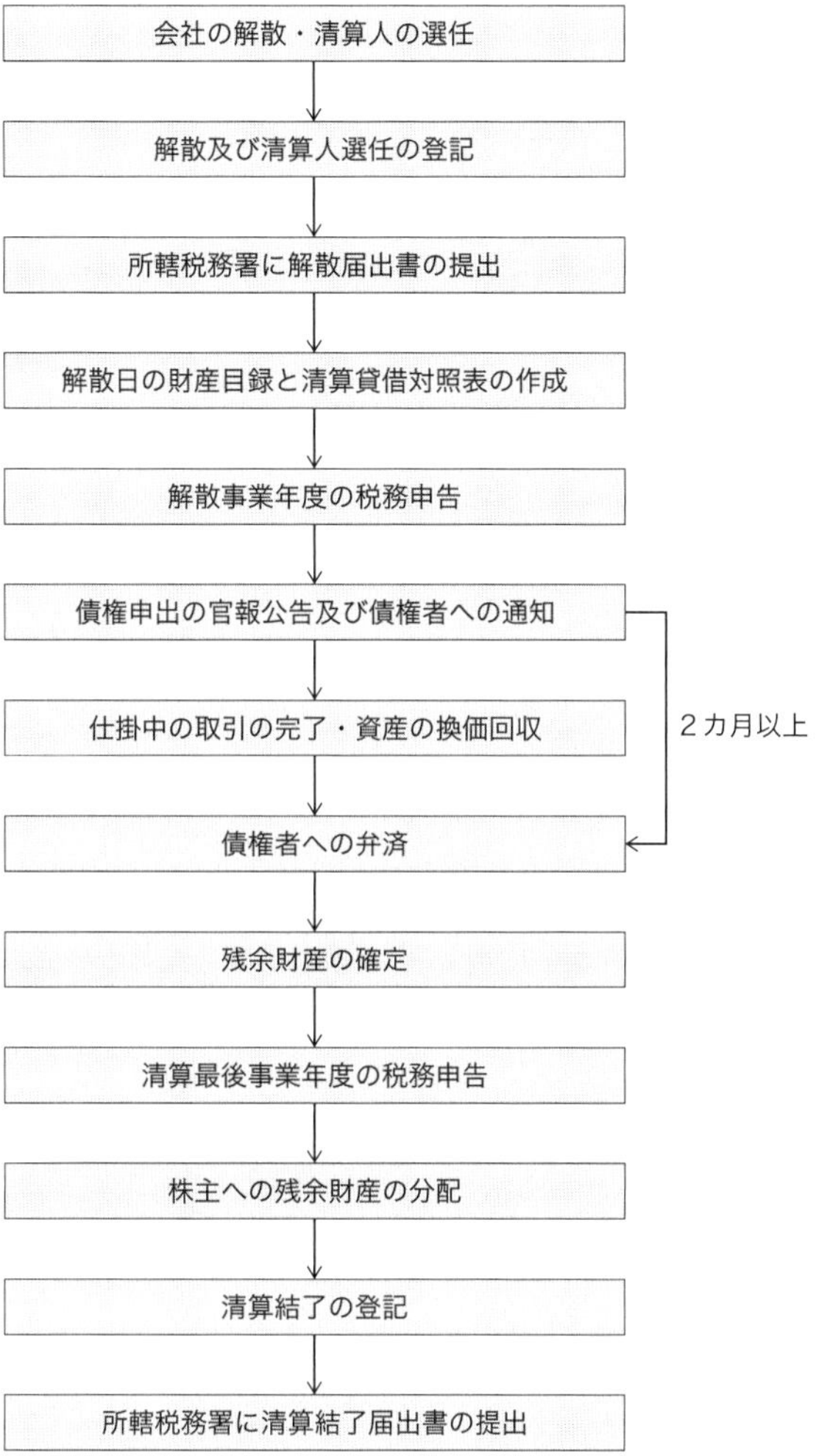

解散から清算結了までの流れ図

す。

ⅳ　清算人は、遅滞なく、会社の財産の状況を調査し、解散の日における財産目録及び貸借対照表を作成しなければいけません。この財産目録及び貸借対照表は、資産を処分価格で評価したものになり、貸借対照表としては清算貸借対照表を作成することになります。

清算人は、この財産目録及び貸借対照表について、株主総会の承認を受ける必要があります。

ⅴ　会社の債権者に対しては、2カ月以上の一定の期間内に債権の申出をするように官報公告をして催告し、かつ知れている債権者には通知して催告します。この期間内は、原則として会社債務の弁済は禁止され、期間経過後に債務の弁済を行います。

ⅵ　会社の債務の弁済後、残余財産がある場合は、株主に分配します。

ⅶ　会社の実体面の処理を、清算手続において全て終了させます。この清算手続の終了（結了）によって、会社の法人格が消滅します。

3　登記手続、税務申告、その他の手続

登記手続としては、会社解散及び清算人の選任、清算結了の際に、各々その2週間以内に登記が必要です。

税務上の手続としては、解散時に解散届出書、清算結了時に清算結了届出書の提出などが、所轄税務署長等に対して必要です。その他、以下の事業年度について、確定申告が必要です。

i　事業年度開始の日から解散日までの期間（解散事業年度）
ii　解散の日の翌日から1年ごとの期間（清算事業年度）
iii　清算事業年度の途中で残余財産が確定した場合は、その清算事業年度の開始の日から残余財産確定の日までの期間（清算最後事業年度）

また、例えば宅地建物取引業者のように、会社の事業によっては、業法上、廃業した場合、行政に対して所定の廃業の届け出をする必要があります。

また、従業員の関係では、失業給付を受けるための雇用保険の手続や、その他、所轄の年金事務所に対する健康保険、厚生年金保険適用事業所全喪届等、所定の手続が必要となります。

▼2 Xデーを決める

まずは、会社を解散する日をXデーとして、そこから逆算をして、種々の段取りの日程を検討し、廃業のスケジュールを決める必要があります。

Xデーのタイミングは、どのように決定すべきでしょうか。これは、高齢・引退型と業績悪化型の場合とで異なります。

まず、高齢・引退型の場合は、会社の経営状態が悪化しているわけではありません。このような場合は、廃業に向けたタイムリミットがあるわけではありませんので、自分のライフプランにおいて会社引退の時期を決め、それをXデーと定めます。そして、Xデーまで相当の期間をおいて、廃業スケジュールについて余裕を持って設定することができます。

他方、業績悪化型の場合は、できるだけ早期に廃業することによって、会社の資金、資産を食いつぶすことを最小限に抑える必要があります。したがって、早期に廃業の決断をして、Xデーもできるだけ早い日程で決定すべきです。

3　顧客へ迷惑をかけないために

顧客へ迷惑をかけない対応をするには、どのようにしたらよいでしょうか。

1　顧客へ供給している製品やサービスの代替性が低い場合

会社が顧客に供給している製品やサービスが、代替性の低いものである場合、顧客としては、急に供給をストップされると、自らの事業に支障が生じます。これによって、顧客に迷惑をかけてしまい、損害賠償を主張されて、売掛金の回収が滞るおそれもあります。

そこで、このような場合は、顧客の事業に支障が生じないように、顧客と協議の上で、製品やサービスの供給計画を立て、会社の廃業までに顧客に代替品を確保してもらうことになります。そして、それまでの間の時間的猶予が確保できるように、十分な製品量をあらかじめ供給しておくなどの対策も立てていく必要があります。

また、場合によっては、会社の生産設備や従業員の一部を、顧客に譲渡して、顧客による生産に切り替える対応をしてもらえることもあるでしょう。一種の事業の一部譲渡になります。

この場合、会社としても、生産設備の換価と、従業員の雇用確保が実現できますので、会社と従業員、顧客のいずれにもメリットのある対応策となります。

2　顧客へ供給している製品やサービスの代替性が高い場合

他方、供給している製品やサービスに代替性がある場合は、廃業に向けて支障にならないように、新たな受注をストップしていきます。

その上で、自社に代替できる供給元を顧客に紹介する等の対応策をとります。

▼4　金融機関に対して、どのように対応するか

会社や自営業者であれば、金融機関からの借入金がある場合が大半です。この場合、借入金についての返済をどのように行っていくかを検討する必要があります。

1　支払期限どおりに、元利金を全額返済できる場合

手元資金や、今後の売掛金の回収金等を支払原資にして、元利金の支払期限に遅れることなく、借入金を完済できる場合は、基本的には問題は生じません。

もっとも、銀行取引約定書や信用金庫取引約定書において、借入金の期限の利益喪失事由として、「営業の廃止」が規定されている場合がありますので、注意が必要です。この場合、通常、「営業の廃止」が、債務者が「支払停止」となったときの具体例として規定されています。「支払停止」とは法律用語であり、弁済期の到来した債務を一般的かつ継続的に弁済できない旨を外部に表示する行為をいいます。

したがって、会社が債務超過でなく、借入金や買掛金を含めた全ての債務を支払期限どおりに支払うことができ、対外的にその旨の説明をしているのであれば、法律上は、「営業の廃止」を表明しても、「支払停止」には該当しないことになります。

しかし、この点について、金融機関の担当者と事実上、揉める可能性がありますので、担当者へ廃業する方針を伝える時期は、慎重に検討すべきです。慎重な対応をするのであれば、手元資金や入金の見込みから、借入金の完済が客観的に確実な状況になるまでは、金融機関へは廃業の方針を伝えないというのも１つの手です。当初の支払期限通りに、借入金を完済できるのであれば、金融機関に対する債務不履行はなく、何の迷惑もかけないことになります。

2　資産超過ではあるが、支払期限通りに、元利金を返済できない場合

問題は、借入金の支払期限通りに、元利金を返済できない場合です。この場合は、元利金の返済条件について、金融機関との間で協議、交渉が必要になります。

例えば、担保物件の売却等により、借入金の全額返済は可能だが、売却等による返済原資の確保までに時間がかかるので、それまで支払猶予をしてほしいという場合があります。この場合は、金融機関に、適宜、資料等を用いながら、以下の点を説明する必要があります。

i　廃業と会社清算の方針

ii　借入金の返済原資を確保する方法、そのスケジュール

iii　資金繰り表や、今後の入金の予定等

iv　今後、資金ショートを起こして倒産することはないこと

これらを説明して、金融機関に安心してもらう必要があります。その上で、借入金の支払猶予を求めることになります。

説明のタイミングとしては、支払猶予を求める少し前、２週間程度前が１つの目安となります。

3　債務超過となっていて、元利金の全額を返済できない場合

更に債務超過となっていて、元利金の全額を返済できない場合はどのような対応をとることができるでしょうか。

このような場合、廃業をするのであれば、金融機関に貸付金の一部債権放棄を要請することになります。しかし、一般的に、金融機関は、法的倒産手続がとられていない状況下では、貸付金についての債権放棄は行いません。

したがって、このような場合は、廃業で清算手続を進めるのは容易ではなく、倒産手続を行うことを検討する必要が生じます。

4　預金がある場合、ロックされるおそれがある

金融機関に廃業の方針を表明した場合、会社や連帯保証人の預金の払戻が凍結されてロックされるおそれがあります。

会社の状況にもよりますが、前述の通り、営業の廃止を表明した場合、銀行取引約定書や信用金庫取引約定書において、「支払停止」に該当し、期限の利益を喪失したとされる可能性があるからです。

預金がロックされるおそれのある対象者としては、社長だけでなく、その他の連帯保証人も全て含まれますので、注意が必要です。

したがって、状況に応じて、金融機関に廃業の方針を表明する前に、預金の払い戻しを受けておくことも検討すべきです。

▼5 仕入先へ迷惑をかけないためには

1 買掛金等を全額支払える場合

まずは、会社が債務超過でなく、債務の全額が支払える状態のままで廃業するのが一番良い対応策となります。

その場合であっても、手元資金や会社財産の換価のスケジュール上、本来の支払日通りに買掛金等を支払えない場合も生じます。そのような場合は、仕入先の中から、資金繰りに余裕があり、支払いが多少遅れても問題ない先をリストアップして、支払の猶予を求めることになります。その場合の説明内容は、金融機関に対する場合と同様です。

また、会社が廃業するとなると、仕入先が買掛金についてきちんと支払われるのかを心配して、前倒しでの支払を求めてくるケースもあります。資金繰りに余裕があれば、一定程度このような要請に応じることも考えられるでしょう。しかし、債権者に対しては平等な対応をするのが原則です。場当たり的な対応をして、その旨の情報が業界に出回ったときに、不公平な対応を受けている仕入先から不満が出るおそれがありますので、注意が必要です。

また、前述の通り、会社が解散した後は、一定期間、債務の弁済が禁止され、手形の決済もできなくなります。そのため、この解散後の弁済禁止を回避する目的で、従来の支払条件を変更せざるを得ないことも生じます。したがって、理想的には、仕入先に対する支払が全部終了した後に、会社の解散を行う方が円滑に廃業することができます。

2　買掛金等を全額支払えない場合

債務超過となっていて、買掛金等について、全額を支払えない場合は、どのような対応をとるべきでしょうか。

このような場合、廃業をするためには、買掛金の一部免除を要請する必要があります。この点、仕入先は、金融機関と比べて、法的倒産手続をとらなくても、買掛金の一部免除をしてくれる可能性がありますので、交渉を試みることになります。通常、債権者平等で、同一割合の債務免除を要請することになりますが、特に関係の深い仕入先がある場合は、他よりも一段高い割合での債務免除を要請して全体を調整することも考えられます。

もっとも、このような調整を試みた結果、必要な債務免除に応じてもらえず、紛争が生じて収拾がつかなくなったときは、倒産手続に移行せざるを得なくなります。

3　仕入れた商品、在庫等を、仕入先に返品する

仕入先から仕入れた商品、原材料、在庫等で、会社解散までに消化しきれないものがある場合、仕入先に返品が可能なときは、返品を打診します。

これらの商品、原材料、在庫等の流動資産は、会社清算の過程で換価すると、二束三文のたたき売りになってしまうのが通常だからです。

6　従業員を守るための対応策

従業員を守るためには、どのような対応策をとるべきでしょうか。

1　再就職の斡旋

中小企業においては、大企業と比べて、会社と従業員の関係は密接です。社長にとって、廃業した場合、従業員の再就職先を確保できるのかということは一番心配となるポイントでしょう。

公的なものとしては、ハローワークでの無償の就職支援サービスなどがあります。

その他、民間企業の行う有償の再就職支援サービスもあります。従業員を解雇する会社との間で、契約をして、退職者のキャリアカウンセル、再就職のノウハウ付与、再就職先への売り込み等をワンストップで包括的に支援するサービスです。資金的に余裕がある場合は、このようなサービスを利用する方法もあります。

また、同業者や取引先で、斡旋できる先があれば、社長自らが出向いて、できる限りの努力をすることになります。

2　解雇予告通知を行う

廃業をして、会社の解散、清算を行う場合でも、当然に、従業員との雇用関係が終了するわけではありません。従業員の解雇手続をとる必要があります。

解雇に当たっては、会社は少なくとも30日前に、従業員に対して解雇予告をしなければなりません。従業員の担当していた業務によって業務の終了日は異なることになりますし、一部の従業員には会社解散後の残務を手伝っていただくことにもなります。したがって、各従業員毎の業務終了の予定日を解雇日として、そこから逆算して30日以上前に解雇予告通知を行う必要があります。

解雇予告通知を行う方法については、従業員との間で、後で「受け取った」、「受け取っていない」という争いになるおそれがないのであれば、通知書を手渡しで交付すれば足ります。

また、仮に何らかの事情によって、30日前に解雇予告をしなかった場合には、従業員に対して、解雇予告手当として、30日に不足する日数について、直前の3カ月間に支払われた平均賃金を支払わなければなりません。

3　労働債権を支払う

従業員に対する未払給与、有給休暇の買い取り、退職金等を、本来の支払期限までに適時に支払います。

会社が債務超過でない場合であっても、手元に現預金がないと、労働債権の支払を適時にできないことになります。これらの労働債権が支払われることによって、従業員の当面の生活資金が確保されることになりますので、資金繰りを調整して、労働債権の支払日にあわせて、現預金を確保しておく必要があります。

また、従業員に対して、源泉徴収票を交付します。

4　雇用保険、健康保険、国民年金について所定の手続をとる

従業員が解雇等によって離職した場合、雇用保険によって、失業給付を受けることができますので、会社として離職票の交付等の手続をとる必要があります。

また、健康保険については、家族の扶養に入るか、退職前に加入していた健康保険を任

意継続するか、または国民健康保険等に切り替えることになります。

厚生年金保険に加入していた場合、退職によって被保険者の資格が喪失しますので、国民年金等への切替手続が必要となります。

▼7　株主へはどのように対応するか

中小企業の場合、株主は家族のみということも多いと思います。このような場合は、廃業するに当たって、株主対応で問題が生じることは少ないでしょう。

ただ、株主に、取引先や親族でも疎遠な方が含まれる場合は、株主対応が問題となります。

1　廃業するためには、株主総会での特別決議が必要

まず、廃業の手続との関係で、会社が廃業するためには、最終的に会社を解散して清算手続に移行する必要があります。

通常の場合、会社の解散は株主総会の特別決議によって行われます。特別決議は、定款

の定めによりますが、原則として、議決権を行使することができる株主の議決権の過半数を有する株主が出席し、出席した当該株主の議決権の3分の2以上の賛成をもって可決されます。したがって、家族以外の株主がいる場合、この特別決議をできるだけの議決権を有する株主から、廃業について同意が得られるかが問題となります。

2　株主に残余財産の分配をする

会社資産の換価、会社債務の弁済が終了したら、株主に対して、残余財産の分配を行います。会社財産からの支払の順序としては、まず債権者に対する弁済が優先して行われます。そして、会社の債権者に対する弁済を完了しても、まだ残余財産がある場合は、原則としてその出資比率に応じて、株主に対する分配を行うことになります。

したがって、会社が債務超過の場合は、債権者に対してすら、債権の全額を支払うことはできませんので、株主に対しても、残余財産の分配をすることはできないことになります。

なお、株主は、会社債務について何ら責任を負いません（株主有限責任の原則）。したがって、株主は、出資とは別途、会社の債務を自ら保証している場合にのみ、会社の債務について責任を負い、そうでない場合は、会社が債務超過であっても会社の債務について何ら責任を負いません。

▼8 廃業についての情報管理をどうするか

会社を廃業するということは、顧客や取引先会社の関係者にとっても、相当程度インパクトのある出来事です。そのため、会社を廃業する旨を外部に表明するタイミングを間違えると、その情報が業界にあっという間に広まり、その時点で会社経営が混乱して、予定していたとおりの廃業ができないことにもなりかねません。

そこで、会社の廃業について、いつ、誰に、どのように説明するか、ということが重要な問題となります。

1 高齢・引退型の場合

まず、会社が資産超過で、会社の財務状態や資金繰りに問題はなく、社長が高齢等により引退するために、会社を廃業するような場合です。

この場合は、会社の債務を全額支払うことができますので、債権者の取り付け騒ぎということも起きません。また、会社の廃業までに相当の期間をかけることができるので、少しずつ関係者に事情を説明しながら、廃業を進めることができます。そのため、情報管理について、さほど問題になることはありません。

2 業績悪化型の場合

他方で、会社の業績が悪化しており、債務超過になっている場合や、資産超過であっても資金繰りに余裕がなく、買掛金等を支払期限通りに支払えない場合は、取り付け騒ぎが起きる可能性があるので、慎重な検討が必要です。

このような場合は、まずは社内の役員や、幹部社員にのみ、廃業の2~3カ月前に廃業の方針を説明して、対外的には秘密裏に、廃業に向けた段取りを検討し、準備を進めることになります。その上で、できる限り取引先には説明をしないようにしながら、廃業に向けて、仕入れや在庫量の調整、顧客からの受注の調整を行っていきます。

そして、事業停止の日をXデーとすると、基本的にはその1カ月前には、従業員に対する解雇予告通知をする必要があります。そこで、解雇予告を行う日以降、一般の従業員と併せて、対外的な説明を開始することとし、顧客や仕入先、金融機関に対して、廃業の方針や、廃業に向けてどのような対策をとるのかを説明し、理解を求めていくという段取りになります。

事例で学ぶ終活の法則❸

思い切った廃業への決断で会社を整理、第2の人生をスタートさせる

かつて関東地方南部のM市に本社を置いていた株式会社エースコーポレーションは、会社規模は小さいものの、業界では知られた半導体製造装置メーカーだった。

代表取締役の石井祐二（67歳）は職人から叩き上げで技術を覚え、30歳の時に独立し会社を興した。

同社の装置は、半導体製造のある工程に不可欠で、顧客には名だたる大手電機メーカーが名を連ねていた。ニッチ・トップで確かな技術の裏付けがあり、堅実経営をモットーに拡大路線を取ることもなかったため、バブル崩壊の際にも経営には大きな影響を受けていない。

ところがリーマン・ショックを機に、エースコーポレーションの経営が傾き始めた。

大口顧客である大手電機メーカーの業績が軒並み悪化し、受注が大きく減少。さらに、東日本大震災後の超円高で顧客の経営状況がさらに悪化し、受注はますます減っていった。

顧客の経営不振がニュースでたびたび報道されるようになり、石井社長の将来に対する不安は募る一方。資金繰りのため、メインバンクである都市銀行A行などからの借り入れが増えたのも、この頃からだ。

アベノミクスで為替レートが円安基調に戻っても、受注は回復しなかった。景気や世界経済の動向よりも、むしろ電機メーカーの勢いが衰えたことが大きい。実際、同社は大手電機メーカーB社と新製品を共同開発していたが、共同開発の相手方事業部がリストラに遭い、予算も人員も大幅に縮小されたため、製品化が不可能になってしまったのだ。

起死回生をかけていたプロジェクトも頓挫し、将来の売上の見通しが立たなくなった。前期の売上高は2500万円で250万円の経常損失を出していた。売上高はピークの約5分の1になり、細々と商売を続けていた状態だった。

運転資金も底が尽き始め、借入金も膨んだ。メインバンクのA行に対して

４０００万円、地銀Ｃ行には４００万円の負債を抱えたほか、Ｄ行からの借入金２５０万円が債権回収会社Ｅ社に回ったため、Ｅ社からも返済を催促されるようになった。

だが石井社長は逃げずに、すべての借入先に事情を説明に回った。Ａ行とＣ行にはリスケ（リスケジューリング／債務返済の繰り延べ）の交渉を行い、受け入れられた。Ｅ社には分割で返済を済ませた。

こうしたなか、毎月の返済や資金繰りに追われる中で、石井社長は会社の存続に限界を感じ始めていた。若い頃とは違って気力も衰え気味で、「会社を閉めたい」と真剣に思うようになっていた。

自らの手で一から事業を始めて37年が経ち、名だたる大メーカーの信頼を得るまでに育て上げたエースコーポレーションは、まさに自分の分身である。未練もあるが、このまま放っておけば、負債が膨らむ一方だ。「幸い個人資産もあるので、今なら取引先に迷惑をかけずに会社をたたむことができる。わずかでも余力のあるうちに廃業しよう」と、石井社長は決意した。

会社の株式の全部を所有している石井社長の一存で、会社の解散を決定。石井社長本人が清算人になって清算事務を開始した。

司法書士に依頼して解散登記を行い、税務署や市役所などに解散の届出を済ませ、債権者に対する官報公告も行った。取引先にも丁寧な書面と電話に加え、実際に訪問して会社の廃業を伝えた。顧問税理士に依頼して決算書を作り、解散確定申告も済ませた。

一方、資産の現金化と負債の返済も進めた。東京都内の一等地にある石井社長の個人所有の不動産が時価4200万円に評価されたため、借入額が大きいメインバンクA行に対する負債の返済に充てることができた。

また、これまで顧客に誠心誠意対応してきたことが実を結び、同社の技術力を惜しんだ取引先の一社である電機メーカーのF社が、製品の製造および営業を引き継ぐことになった。F社は製品の製造に必要な機械類と半製品を買い取るほか、一連のエースコーポレーション製品を熟知している石井社長を、顧問として迎え入れることを申し出た。

こうして、石井社長自身の手からは離れたものの、一種の事業譲渡のような形で、旧エースコーポレーションの製品が、F社のもとで存続することになったのである。

Ｆ社に対する機械類および半製品の売却代金に加え、個人所有不動産の売却代金の残金で、Ｃ行への返済も行った。仕入れ先には、すでに買掛金の支払いを済ませている。前年の年末から商売がほぼ止まっていたこともあり、売掛金はほとんどない。

ピーク時にはパートを含めて15人の社員がいたが、最終時には社員は４人に減っていた。最後まで残った正社員２人、パート２人には給与全額を支払い、円満退職してもらった。

資産と負債の整理を終えて、清算確定申告を済ませ、清算結了の登記も無事終了。これで廃業の手続が完了した。

エースコーポレーションという会社は法的に消滅したが、石井社長はＦ社に再就職し、新たな人生をスタートさせることができた。

いま石井社長はＦ社で、かつての自社製品の扱い方やノウハウを、技術担当および製造現場の社員に惜しみなく伝授している。その一方で、営業社員と一緒に顧客を回りながら、製品を売り込み、若手社員の指導に汗を流している。

資金繰りに追われ、プレッシャーの中で毎日を過ごしていた頃には見えてこなかった、新たな生き甲斐を手にした満足感を、いま石井社長はかみしめている。

第５章

最終手段としての倒産手続

1 倒産手続が避けられないとき

会社をたたむ手続として、倒産手続を選択するのは最終手段です。それでは、どのような場合に、倒産手続が避けられないのでしょうか。それは、①会社の資金がショートするときや、②廃業しようとしたが、会社が大幅な債務超過であったときです。

1 資金がショートするとき

経営者にとって、一番理想的なのは事業承継であり、仮にそれができない場合でも、ソフトランディングでの廃業をするのが望ましいといえます。

しかし、会社が資金繰りに窮して資金ショートを起こした場合、通常、取り付け騒ぎが起こって、債権者間で弁済原資の取り合いが生じ、収拾がつかなくなります。その結果、事業継続に著しい支障が生じます。

したがって、資金ショートを起こす可能性が高いときは、混乱を避けるために、資金ショートを起こす日以前に、倒産手続の申立てをするべきです。

２　廃業しようとしたが、会社が大幅な債務超過であったとき

資金ショートの他、業績が悪化して廃業を企図したものの、会社が大幅な債務超過であったときも、倒産手続によらざるを得なくなる可能性が高くなります。

債務超過の場合、会社の債務を全額弁済することはできません。清算手続を完了するためには、会社の資産と債務を全てゼロにする必要があります。したがって、債務超過の場合はそのままでは清算を完了することができなくなります。そのため、社長が私財を会社に提供したり、債権者から債務の一部免除を得る等する必要が生じますが、債務超過額が大きい場合は、それも困難となります。

また、債務超過であることが判明すれば、債権者としても、そのままでは債務の全額の弁済を受けることができないことが分かります。そのため、債務超過が判明した時点で、債権者による取り付け騒ぎが起きるおそれがあります。

したがって、廃業を企図したが、会社が大幅な債務超過であったときも、混乱を避けるために、倒産手続の申立てをすべき場合が多いことになります。

2 債務整理手続にはどのような種類があるか

1 債務整理手続の全体像

債務整理手続には、法的整理（倒産手続。以下同様）と私的整理があります。

そして、法的整理と私的整理には、それぞれ清算型と再建型があります。

法的整理の清算型には、破産と特別清算があり、再建型には、民事再生と会社更生があります。

私的整理には、その手続の実施者について、①事業再生ＡＤＲ、②中小企業再生支援協議会、③地域経済活性化支援機構など、様々な機関があります。

また、法的整理と私的整理との中間的な手続として、特定調停手続があります。

2 法的整理は強制力があるため、メリットが大きい

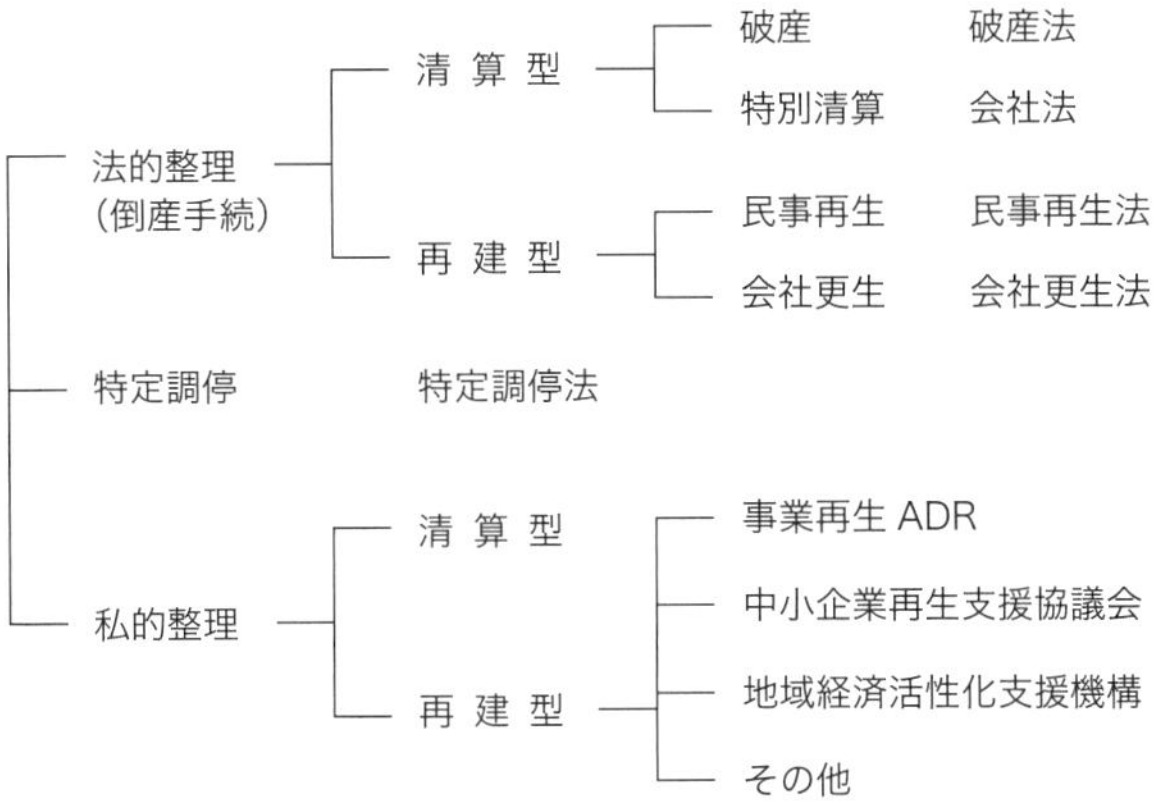

債務整理手続の体系

法的整理とは、法律の規定に基づいて、裁判所の監督を受けながら、債務の整理をする手続をいいます。

法的整理のメリットは、以下の通りです。

① 債務の弁済や債権回収行為が、弁済禁止の保全処分や、手続の開始決定により禁止され、取り付け騒ぎを起こすことなく、債務の支払停止ができる

② 法律の規定や、裁判所の関与があり、手続の公正性・透明性が高い

③ 債権者に対する強制力がある

④ 多数決原理により、一部の反対債権者を拘束できるため、私的整理と比較して、弁済計画の成立が容易

⑤ 債務の大幅な削減がしやすい

他方、法的整理のデメリットは、以下の通りです。

①　債権者平等原則が適用されるため、取引債権の保護ができない

②　事業価値の毀損が大きい。そのため、法的整理へ移行すると、弁済率は低下する

▼3　私的整理は強制力がないため、会社清算には向かない

私的整理とは、法律の定めによらず、裁判所の監督も受けずに、債権者と債務者の協議に基づき、債権の一部カットや期限の猶予を行い、経営不振企業等を再生、整理する手続をいいます。

法律の定めによっていませんので、特定の決まったスキームがあるわけではなく、あくまで債権者と債務者との協議に基づき、手続が進められていきます。

私的整理のメリットは、以下の通りです。

①　倒産手続ではないため、対象となる企業の信用低下を最小限に抑えられる

②　債権カットの対象となる債権者を金融機関に限定し、一般取引先の債権を保護することができる

③　①、②の結果、事業価値の維持ができる

他方、私的整理のデメリットは以下の通りです。

①　債務の弁済や債権回収行為が禁止されないため、取り付け騒ぎが起きるおそれがある
②　法律の規定や、裁判所の関与がないため、手続の公正性・透明性が問題とされる
③　債権者に対する強制力がない
④　私的整理の成立には、対象債権者の同意が必要。そのため、同意の取り付けに、多大な時間と労力を要する
⑤　④の帰結として、債務の大幅な減額がしづらい

▼4　特定調停は、裁判所の場での債権者とのお話し合い

特定調停とは、民事調停の一類型であり、経済的破綻のおそれのある債務者について、その再生を図るという目的に資するため、それにふさわしい特例規定が設けられた手続です。

特定調停は、裁判所の関与の下に行われる点で、法的な手続としての性格を有していま

す。

しかし、調停手続であり、あくまで当事者の協議により行われるものであって、当事者に対する強制力はありません。

この意味で、特定調停は、法的整理と私的整理の中間的な性格を有しているといえます。

▼5 会社清算の場合、選択肢としては、破産、特別清算、民事再生、特定調停、私的整理のいずれかとなる

会社が資金ショートしたり、大幅な債務超過の場合であっても、今後、売上アップや、コストカット、事業の一部撤退や一部譲渡等、事業のリストラクチャリングを行うことにより、損益を黒字化する見込みがあれば、再建型の法的整理である民事再生や、私的整理を利用して、事業再生を目指すことになります。

他方、会社が赤字で、事業のリストラクチャリングを試みたとしても業績回復の見込みがない場合は、会社を清算することになります。その場合の選択肢は、法的整理のうち清算型手続である、①破産、②特別清算が選択肢となります。

もっとも、③民事再生も、本来は再建型の手続ですが、清算型の手続としても利用することができます。

また、④特定調停や、⑤私的整理も、法的整理と比較して労力を要すること等から、一般的に会社清算の場合にはあまり用いませんが、会社清算のための手続として利用することもできます。

各手続の概要については、次項以下で説明します。

3 破産手続

1 破産手続とは

破産手続は、清算型の倒産手続であり、自然人（個人）又は法人について、支払不能又は債務超過という破産原因がある場合に、利害関係人の申立てによって開始される手続です。

債務者が経済的に破綻した場合に、その総資産を換価、処分し、これを配当原資として、総債権者に公平に分配することを目的としています。

▼2　破産手続の概要

破産手続の概要は以下のとおりです。

①　手続の対象は自然人及び法人等

破産手続の対象は自然人、法人及び相続財産であり、広範にわたります。法人については、株式会社等の会社法上の会社に限らず、公益法人、医療法人その他の各種の法人が全て対象となります。事業者、非事業者も問われません。

②　申立ての原因は、支払不能と債務超過

申立ての原因（手続の開始事由）は、支払不能です。支払不能とは、債務者の弁済能力が欠乏したために、弁済期が到来した債務を、一般的かつ継続的に支払うことができない客観的な経済状態をいいます。いわゆる資金ショートの状態のことです。

更に、合名会社及び合資会社を除く法人については、債務超過も破産原因とされています。

裁判所は、破産原因その他の要件が具備されていると認めた場合には、破産開始決定をします。

③　手続の遂行者は管財人
破産手続の遂行者は、裁判所により選任される破産管財人です。

破産管財人は、破産手続開始決定と同時に裁判所により選任されます。破産手続管財業務の遂行には法律知識を必要とするため、実務上、破産管財人は弁護士の中から選任されます。

破産手続開始決定がなされると、破産者は破産財団に属する財産に関する一切の管理処分権を失い、破産管財人にその管理処分権が移転します。

④　破産債権者は、個別的な権利行使が禁止される
破産手続開始決定により、開始決定前の原因に基づく債権は破産債権とされ、個別的な

取立て、回収行為ができなくなり、強制執行等は失効します。

破産債権を行使するには、破産手続開始決定後の一定の期間内に、破産裁判所に債権の届出をすることを要します。

届け出られた破産債権は、破産管財人または他の破産債権者等から異議が出なければ確定しますが、異議が出れば破産債権の査定手続、異議訴訟によって決着が付けられます。

債権調査、確定の手続によって確定された債権については確定判決と同一の効力が生じます。

⑤ 担保権者は、自由に権利行使ができる

担保権者は、破産手続上、別除権者となって、自由に権利行使ができ、破産手続によって権利行使に制約は受けません。

また、担保権者は、担保物件の換価によっても回収できなかった不足額について、破産債権者として権利を行使することができます。

⑥ 否認権の制度がある

破産手続には否認権の制度があり、管財人は、破産開始前になされた不当な財産減少行為や不公平な債務弁済行為の効力を否定することができます。

⑦　債務の弁済

破産債権の弁済は、破産管財人が、破産財団の換価金を配当手続によって按分弁済する方法でなされます。

配当率は、配当原資と配当に加わるべき破産債権の額から自ずと算出されることになりますので、配当率の決定について債権者の決議は不要です。実務的には、配当率が10％にも満たない事例が多数であり、一般的に低い水準にとどまっています。

⑧　手続の終結

破産手続は、配当の後、裁判所が破産終結決定をすることにより、終結します。

⑨　免責手続

破産者が法人でなく自然人の場合、破産法は破産者の更生を考慮し、破産債権のうち配

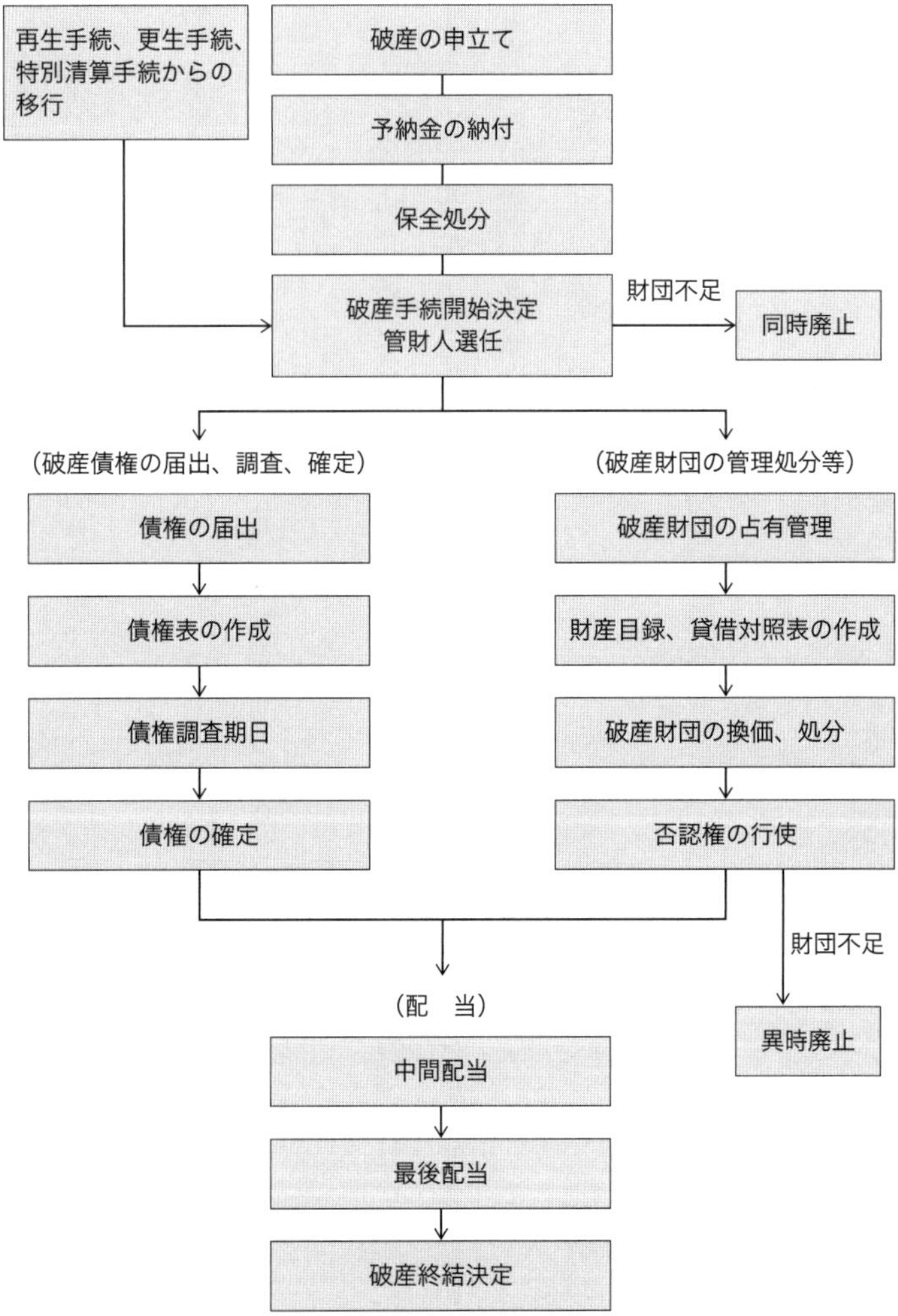

再生手続、更生手続、特別清算手続からの移行
破産の申立て
予納金の納付
保全処分
破産手続開始決定
管財人選任
財団不足
同時廃止
（破産債権の届出、調査、確定）
債権の届出
債権表の作成
債権調査期日
債権の確定
（破産財団の管理処分等）
破産財団の占有管理
財産目録、貸借対照表の作成
破産財団の換価、処分
否認権の行使
財団不足
異時廃止
（配　当）
中間配当
最後配当
破産終結決定

破産手続の流れ図

負債総額（単位：円）	法人	自然人
5000万未満	70万円	50万円
5000万 ～ 1億未満	100万円	80万円
1億 ～ 5億未満	200万円	150万円
5億 ～ 10億未満	300万円	250万円
10億 ～ 50億未満	400万円	
50億 ～ 100億未満	500万円	
100億 ～	700万円～	

管財事件（債権者破産申立事件及び本人申立事件）の予納金額

当によって満足を受けられなかった部分について、破産者の申立てにより破産者の債務を免除する免責手続を設けています。

個人破産の多くは、この免責を得ることを目的として申し立てられるのが通常です。

▼３　破産手続の流れ

破産手続の基本的な流れは、図表のとおりです。

進行スケジュールは、事件によって異なりますが、配当による終結の場合、申立てから配当まで１～２年程度要するのが通常です。

▼4　申立てに要する費用

東京地方裁判所では、弁護士が申立代理人となっている案件について、多額の予納金を収める代わりに20万円の少額の予納金で、管財人を選び、簡素な手続で破産手続を行う運用が行われています。これを少額管財手続といいます。

なお、東京地方裁判所において、破産手続の申立人が、債務者本人又は債権者の場合は、裁判所に納付する予納金は図表の通りです。少額管財手続と比べると高額になっています。

4　特別清算手続

▼1　特別清算手続とは

1　特別清算手続の目的

特別清算手続は、清算型の倒産手続であり、解散後、清算手続中の株式会社について、清算の遂行に著しい支障を来すべき事情又は債務超過の疑いがある場合に、利害関係人の申立て等によって開始される手続です。

会社が解散した場合、合併又は破産の場合を除いては、清算手続に入ります。

しかし、清算の遂行に著しい支障を来すべき事情又は債務超過の疑いがある場合には、通常清算手続では公平公正な清算を遂行することが困難となることがあります。

そこで、特別清算手続は、清算手続の一種として、このような場合に、通常清算と比較してより強い裁判所の監督の下に、会社の全財産を換価して全債権者に公平に分配することを目的としています。

2　特別清算手続は、簡易で柔軟な手続

特別清算手続においては、同じ清算型手続である破産手続と比較して、裁判所の監督は後見的なものとされており、利害関係人（債権者及び会社）の自治が基本原理とされています。そのため、手続の遂行には、債権者や株主の協力が必要となります。

また、破産手続と比較して、財産の換価や配当手続が簡易であり、少額債権、労働債権

を早期に弁済することが可能である等、手続が簡易で柔軟となっています。

以上の特徴から、特別清算手続は、グループ会社である子会社の整理など、大口債権者、株主等の協力が得られる場合に多く行われます。

▼2 特別清算手続の概要

特別清算手続の概要は以下のとおりです。

① 手続の対象は、清算中の株式会社
特別清算手続の対象は、解散後、清算手続中の株式会社に限られます。したがって、特別清算手続開始の申立てをするためには、会社解散のための株主総会の特別決議を経る必要があります。

② 申立ての原因は、清算の遂行に著しい支障を来すべき事情のあること、又は会社に債務超過の疑いがあること

特別清算原因（手続の開始事由）は、清算の遂行に著しい支障を来すべき事情のあること、又は会社に債務超過の疑いがあることです。

申立権者は、債権者、清算人、監査役又は株主です。

特別清算原因があり、特別清算によって清算を結了する見込みがあるときは、裁判所は特別清算開始の命令をします。開始命令がされると、清算手続は裁判所の厳重な監督下で行われることとなります。

③　手続の遂行者は、会社が選任する清算人

特別清算手続の遂行者は、清算人であり、会社財産の管理処分権を有します。

会社の解散に際して、従来の取締役をそのまま清算人に選任することができます。

④　債権者は、個別的な権利行使が禁止される

特別清算手続の開始命令がなされると、債権者は個別的な取立て、回収行為ができなくなります。強制執行等は中止し、同命令の確定により、特別清算手続との関係では失効します。

清算人は、債権者に対し、2カ月以上の一定の期間内に清算人に対して債権の申出をなすよう、公告をもって催告をします。

特別清算手続においては、破産手続や民事再生手続のように債権の調査・確定の手続は取られず、清算人によって事実上、債権が調査され、清算人に異議がなければ、その債権を前提として権利行使が認められます。異議があれば終局的には、訴訟で決着が付けられます。

⑤ 担保権者は、自由に権利行使できる

担保権者は、破産手続同様、別除権者として、原則として自由に権利行使できます。

⑥ 否認権の制度がない

特別清算手続においては、破産手続と異なり、否認権の制度がありません。

⑦ 債務の弁済

特別清算手続においては、原則として、協定に基づいて債務の弁済が行われます（協定型)。

清算人は協定案を作成します。協定の条件は、原則として協定の対象となる債権全てについて平等でなければなりません。

この協定の成立には、債権者集会において、出席債権者の過半数、かつ総債権額の3分の2以上の債権を有する債権者の同意を得ることが必要となります。

また、協定によらないで、会社と債権者との間の個別和解により、債権の一部を免除して残部を支払う旨を合意して、債務の弁済を行うこともできます(和解型)。

⑧　手続の終結

特別清算手続は、協定の実行が終了した場合など、清算が結了したときに裁判所により特別清算終結決定がなされ、終了します。

▼3　特別清算手続の流れ

特別清算手続の基本的な流れは、図表のとおりです。

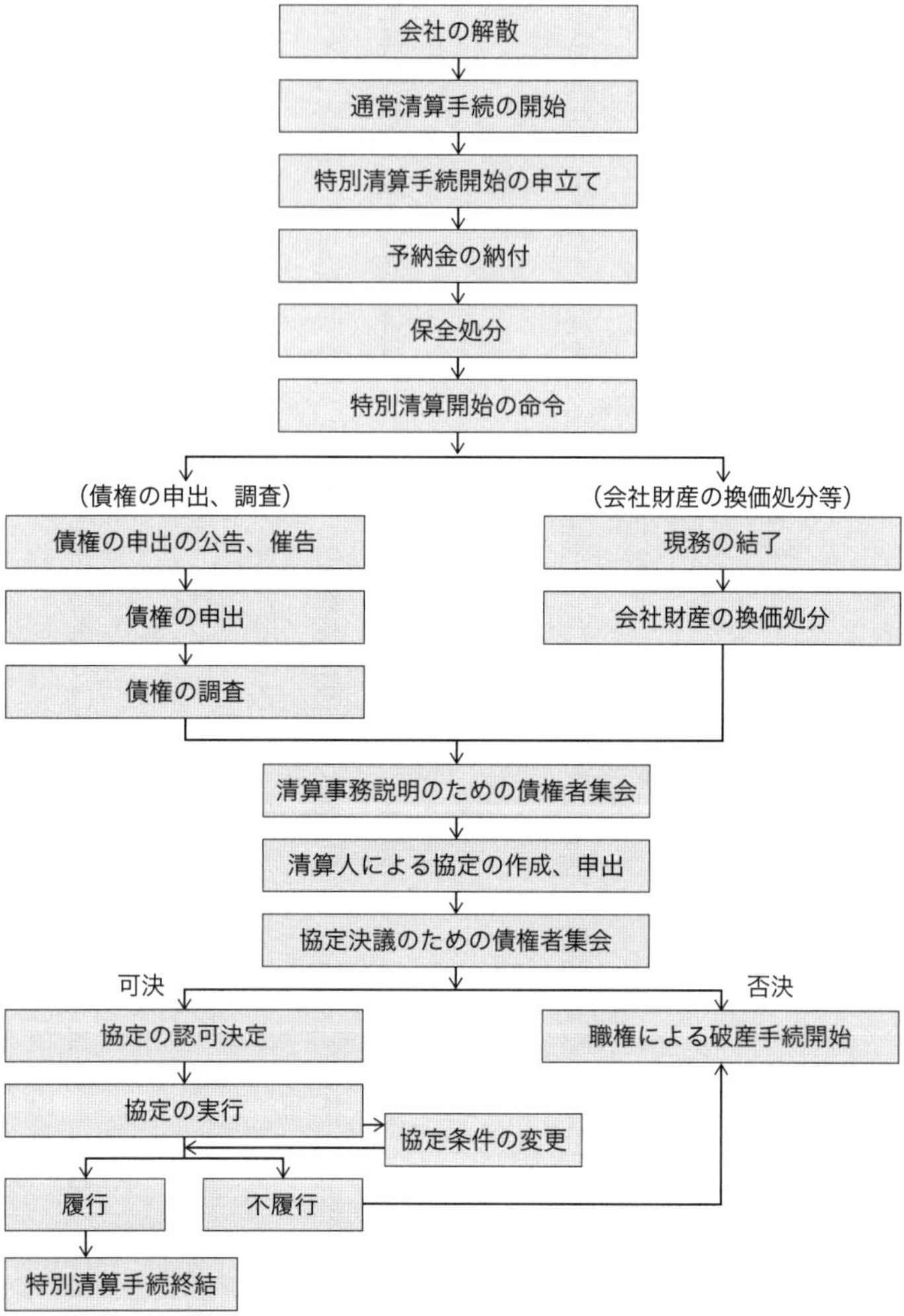
会社の解散
通常清算手続の開始
特別清算手続開始の申立て
予納金の納付
保全処分
特別清算開始の命令
（債権の申出、調査）
債権の申出の公告、催告
債権の申出
債権の調査
（会社財産の換価処分等）
現務の結了
会社財産の換価処分
清算事務説明のための債権者集会
清算人による協定の作成、申出
協定決議のための債権者集会
可決
否決
協定の認可決定
協定の実行
協定条件の変更
履行
不履行
特別清算手続終結
職権による破産手続開始
特別清算手続の流れ図

進行スケジュールは、事案によって異なりますが、申立てから協定の可決、裁判所の認可決定まで６カ月～１年程度要するのが通常です。

▼４　申立てに要する費用

現在の東京地方裁判所の実務では、総債権額の３分の２以上の債権者から、特別清算申立てについての同意書が提出された場合は、原則として、予納金は、協定型で５万円、和解型の場合８５９８円となっています。

他方、その同意書が提出されない場合は、事案にもよりますが、破産手続の場合（債務者本人又は債権者申立てのとき）と同様の予納金を裁判所に納めることが必要になるときがあります（２５５頁）。

5　民事再生手続

1　民事再生手続とは

民事再生手続は、主として中小企業を対象とした再建型の倒産手続です。経済的に窮境にある債務者について、債務の一部免除を行って、債務者の事業の維持または経済生活の安定を図ることを目的としています。

2　民事再生手続の概要

民事再生手続の概要は、以下の通りです。

①　手続の対象は、自然人及び全ての法人
手続の対象となるのは、破産手続同様、自然人及び全ての法人であり、株式会社等の会

社法上の会社に限らず、公益法人、医療法人その他の各種の法人が全て対象となります。事業者、非事業者も問われません。

② 申立ての原因は、支払不能または債務超過のおそれ等

申立ての原因（手続の開始事由）は、自然人の場合には、①支払不能のおそれがある場合、又は②事業の継続に著しい支障を来すことなく、弁済期にある債務を弁済できない場合です。

法人の場合には、更に、③債務超過のおそれがある場合も申立原因となります。

事業の継続に著しい支障を来すことなく、弁済期にある債務を弁済できない場合とは、債務者が、営業用資産等を売却すれば、一応弁済期にある債務を弁済できるが、それをすると、事業の継続に支障をきたすような場合です。このような場合も申立てができるとすることによって、早期の事業再生を可能にするため、早いタイミングでの申立てが可能となっています。

③ 手続の遂行者は、従来の経営者

原則として、管財人は選任されず、債務者（会社の経営者）が、手続の申立て後もそのまま会社の経営権を保持します。

ただし、裁判所から選任された監督委員から、手続の遂行に関して監督を受けることになります。

④　再生債権者は、個別的な権利行使が禁止される

民事再生手続の開始決定がされると、債権者は個別的な取立て、回収行為ができなくなり、強制執行等は中止されます。

再生債権を行使するには、民事再生手続開始決定後の一定の期間内に、再生裁判所に債権の届出をすることを要します。

届け出られた再生債権は、再生債務者または他の再生債権者から異議が出なければ確定しますが、異議が出れば再生債権の査定手続、異議訴訟によって決着が付けられます。

債権調査、確定の手続によって確定された債権については確定判決と同一の効力が生じます。

⑤　担保権者は、自由に権利行使できる

民事再生手続においては、担保権は別除権となり、原則として手続外で自由に権利行使できます。

また、担保権者は、担保物件の換価によっても回収できない不足額について、再生債権者として権利を行使することができます。

⑥　否認権の制度がある

民事再生手続には否認権の制度があり、手続開始前になされた不当な財産減少行為や不公平な債務弁済行為の効力を否定することができます。

⑦　債務の弁済

再生債務者は、債務の弁済率、弁済時期を定めた再生計画案を作成し、裁判所に提出します。

再生計画案は、債権者による決議に付されます。再生計画案の可決要件は、頭数については、議決権者のうち投票した者の過半数であり、議決権額については、総議決権額の２

分の1以上とされています。

再生計画案が可決されると、裁判所がその内容の適法性を審査し、適法であれば、再生計画の認可決定をします。

認可決定の確定後、再生債務者は、再生計画に基づき、債務の弁済を行います。

⑧　手続の終結

再生手続は、再生計画の履行を完了したときに終結します。

また、監督委員が選任されている場合には（通常は選任されています）、認可決定確定後3年間を経過したときに手続が終結するものとされており、短期間での企業再生が可能となっています。

▼3　民事再生手続の流れ

民事再生手続の基本的な流れは、図表のとおりです。

進行スケジュールは、事件によって異なりますが、申立てから再生計画認可まで半年程

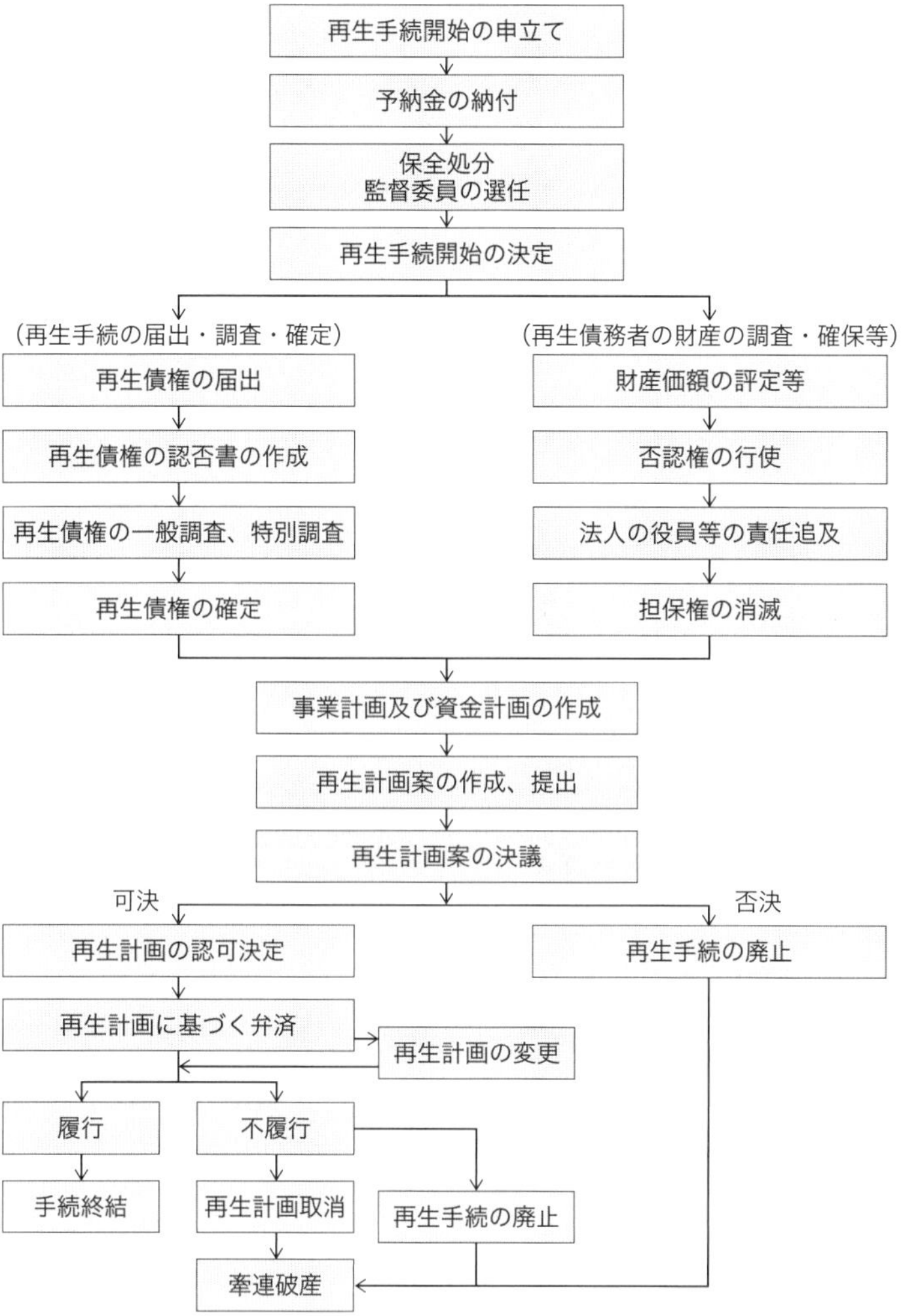

再生手続の流れ図（監督委員が選任された場合）

負債総額	基準額
5千万円未満	200万円
5千万円～　1億円未満	300万円
1億円～　5億円未満	400万円
5億円～　10億円未満	500万円
10億円～　50億円未満	600万円
50億円～　100億円未満	700万円
100億円～　250億円未満	900万円
250億円～　500億円未満	1000万円
500億円～1000億円未満	1200万円
1000億円以上	1300万円

法人の場合の予納金額

度要するのが通常です。

▼4　申立てに要する費用

東京地方裁判所において、債務者が法人の場合、裁判所に納付する予納金は図表の通りです。

6　私的整理の種類

▼1　私的整理には手続実施者によって種別がある

私的整理には、手続の公正性を担保する

ため、中立的な手続実施者が関わる場合があり、その手続実施者について、様々な機関があります。

また、一般的には、①事業再生ADR、②中小企業再生支援協議会の私的整理は、専ら事業再生（一部事業譲渡後、会社清算の場合も含みます）を目指すときに用いられており、純粋な会社清算のために用いられることはあまりありません。

他方、③地域経済活性化支援機構については、従来は同様に、純粋な会社清算のために用いられることは予定されていませんでしたが、制度改正により、新たに特定支援業務として、会社清算のための利用が可能となりました。

1　事業再生ADR

事業再生ADRは、2007年8月6日に施行された産業活力再生特別措置法等の一部を改正する法律（以下、「産活法」といいます）において導入された制度です。

これは事業再生のための私的整理のうち、特定認証紛争解決事業者が行う手続をいいます。現在は、事業再生実務家協会のみが特定認証紛争解決事業者として認定されています。

一定の手続費用を要するため、対象企業は、主に大企業となっています。

2　中小企業再生支援協議会

産活法において、中小企業の再生を支援する機関として設置されています。全国各地（47都道府県）に設置された同協議会が、第三者的立場で、再生を支援します。

対象企業は中小企業です。金融円滑化法の失効後の事業再生においても、その機能を発揮することが期待されています。

3　地域経済活性化支援機構

従前の企業再生支援機構が「地域経済活性化支援機構」（ＲＥＶＩＣ）へ抜本的に改組したものです。

事業の選択と集中、事業の再編も視野に入れた事業再生支援や、新事業・事業転換及び地域活性化事業に対する支援により、健全な企業群の形成、雇用の確保・創出を通じた地域経済の活性化を図るとしています。

対象企業は、限定はされていませんが、現在までのところ、地方の中規模程度の企業や、法人がメインターゲットになっているようです。

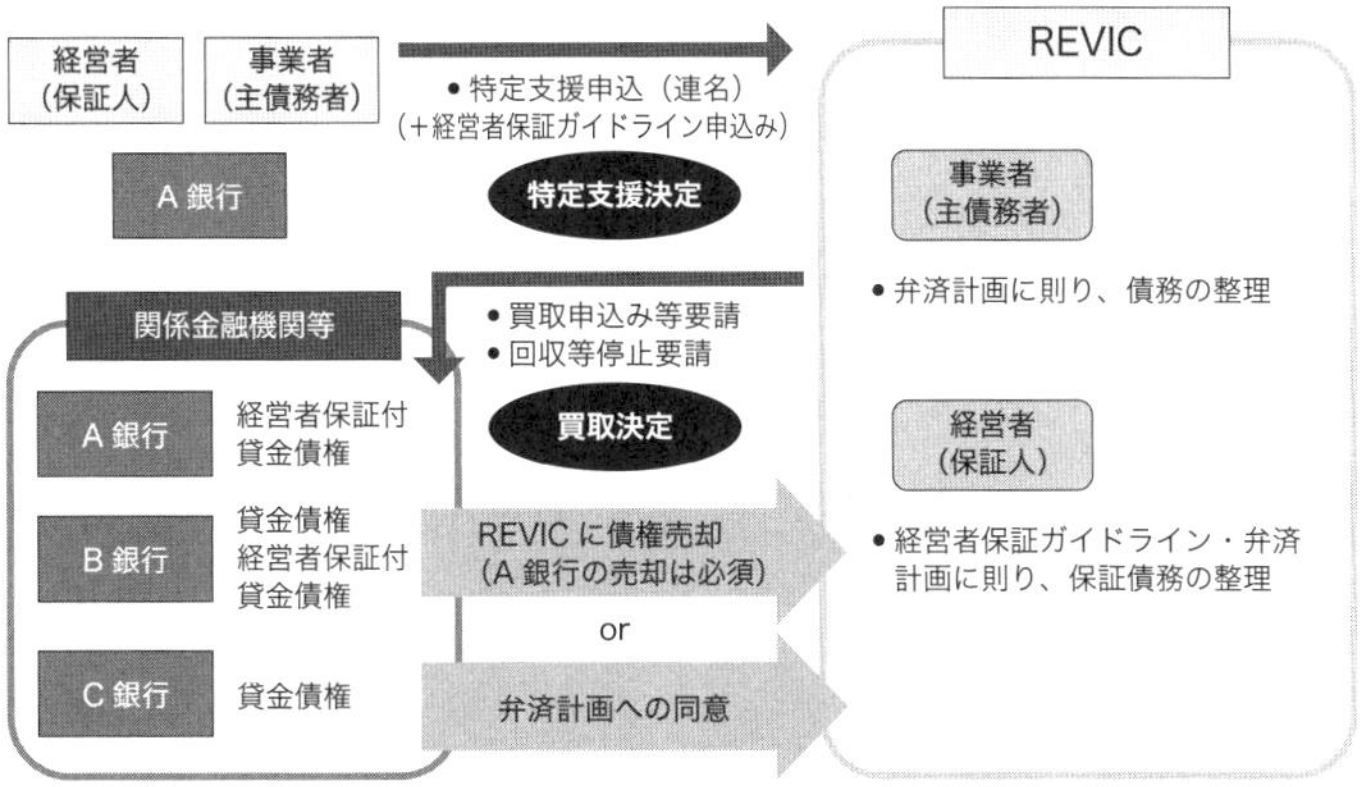

（出所：地域経済活性化支援機構の HP）

同機構は、従前からの事業再生支援業務に加え、地域の再生現場の強化や地域活性化に資する支援業務を新たに実施することができるようになりました。そして、その新機能の1つに、特定支援業務があります。

特定支援業務とは、機構が金融機関等から経営者保証の付いた貸付債権等を買い取り、事業者（主債務者）の債務整理を行うと同時に、経営者の保証債務について経営者保証ガイドラインに従った整理手続を行うものです。

本業務の目的は、保証債務の存在がネックとなり転廃業等が困難な経営者の支援を通して、経営者の再チャレンジ実現、中小企業の各ライフステージにおける新陳代謝、ひいては地域経済の活性化を促進することにあります。
その手続等の詳細は、図表の通りです。

▼2　会社の社長自らが、会社の私的整理をすることもできる

前記1のような機関に持ち込まないで、会社の債務免除、清算について、清算型の私的整理を行うことも可能です。その場合は、社長自らが、弁護士等と相談しながら、会社の債務処理手続を進めることになります。

会社の経営が破綻した場合は、通常、債務超過に陥っています。

会社が債務超過の場合であっても、その程度が軽い場合や、一部の債権者との協議、交渉によって、不足額について債務免除を受けられる場合は、社長が私財提供をすることや、債権の一部の放棄を受けることにより、会社を清算することが可能な場合もあります。

このような会社清算の手法を、「倒産」の場合と区別して、一般に「私的整理」といいます。

7 特定調停手続

1 特定調停手続とは

特定調停手続とは、経済的破綻のおそれのある債務者について、その再生を図るという目的に資するため、それにふさわしい特例規定が設けられた調停手続です。民事調停の一類型であり、裁判所の関与の下に行われる点で、法的な手続としての性格を有しています。

しかし、調停手続であり、あくまで当事者の協議により行われるものであって、当事者に対する強制力はありません。この意味で、特定調停手続は、法的倒産手続と私的整理の中間的な性格を有しているといえます。

▼2　特定調停手続の概要

①　手続の対象

特定調停手続の申立権者は、「特定債務者」であり、債権者が特定調停手続の申立てをすることはできません。

特定債務者とは、金銭債務を負っている債務者であり、下記のいずれかの要件に該当する者をいいます。

a　支払不能に陥るおそれのある者

b　事業の継続に著しい支障を来すことなく弁済期のある債務を弁済することが困難である者

c　債務超過に陥るおそれのある法人

②　調停委員の指定

裁判所は、特定調停手続を行う調停委員として、事案の性質に応じて必要な法律知識、税務、金融、企業の財務、資産の評価等に関する専門的な知識経験を有する者を指定します。

これは、特定調停手続は、経済的破綻のおそれのある債務者について、その再生を図ることを目的とするものであるため、調停委員はそれにふさわしい専門的な知識経験を有する者を指定しなければならないとしたものです。

③ 調停委員会による資料等の収集

調停委員会は、特定調停のために特に必要があると認めるときは、当事者等に対し、事件に関係のある文書又は物件の提出を求めることができます。また、職権で、事実の調査及び必要と認める証拠調べをすることができます。

④ 調停の成立・不成立

調停期日において、当事者間に合意が成立した場合には、調停が成立することとなります。当事者間の合意は、公正かつ妥当で経済的合理性を有する内容のものでなければなりません。

当事者間に合意が成立する見込みがない場合には、調停不成立となり、手続は終了します。

8 どの手続を選択するか

▼1 破産手続、特別清算手続、民事再生手続の比較

破産手続、特別清算手続、民事再生手続の比較表は、図表の通りです。
それぞれの手続の特徴を踏まえて、いずれかの手続を選択することになります。

1 まずは破産手続を検討する

会社を清算するために倒産手続の申立てを行う場合、通常は、まず破産手続の申立てを検討します。

なぜなら、破産手続は、清算型の倒産手続であり、裁判所から選任される管財人が公平、

	手続の類型	手続の特徴	適用対象	手続開始原因	手続の主体	弁済方法
破産手続	清算型	厳格な法定の手続 裁判所の監督強い 株主、債権者の協力不要	自然人、法人 企業の規模は問わない	①支払不能 ②債務超過	管財人	配当手続
特別清算手続	清算型	柔軟な手続 裁判所は後見的監督のみ 株主、債権者の協力が必要	清算中の株式会社のみ	①清算の遂行に著しい支障を来すべき事情があるとき ②会社に債務超過の疑いがあるとき	清算人（従来の社長もＯＫ）	債権者集会において可決され、裁判所に認可された協定の実行
民事再生手続	再建型 ただし、清算型の民事再生も可能	厳格な手続 裁判所、監督委員による監督 株主の協力の要否は、ケースバイケース 債権者の協力が必要	自然人、法人 主に中小企業が対象	①支払不能のおそれ ②債務超過のおそれ ③事業の継続に著しい支障を来すことなく、弁済期にある債務を弁済できないこと	債務者	債権者集会において可決され、裁判所に認可された再生計画の実行

破産手続、特別清算手続、民事再生手続の比較表

公正に遂行する手続です。

そして、社長としては、管財人の業務についての協力義務はあるものの、手続を遂行する主体にはならなくてすむため、労力がかからないからです。

2　破産手続を回避したいときは、特別清算手続

もっとも、社長として、破産はイメージが悪いため、どうしても回避したい、または社長が管財人に清算をゆだねるのではなく、自らの手で会社清算をしたい、という場合は、破産手続ではなく、特別清算手続を申し立てることも考えられます。

特別清算手続では、破産と異なり、従来の社長がそのまま清算人として、清算業務を遂行することができるからです。

なお、特別清算手続では、債権額の3分の2以上の多数により、弁済についての協定案が可決されないと、最終的に破産手続に移行します。

3　申立て後に、しばらく事業を継続したいときや、事業の一部を譲渡したいときは、民事再生手続

民事再生手続は、本来再建型の手続ですが、清算型として利用することもできます。これを清算型民事再生手続といいます。

どのような場合に清算型民事再生手続の申立てをするのでしょうか。これは、例えば、最終的には会社清算を予定しているけれども、仕掛中の取引が完了していない等、種々の事情からもうしばらくの間事業を継続したい事情がある、しかし、資金ショートが間近に迫っていてタイムリミットなので、取り付け騒ぎを回避するために、何らかの倒産手続を申し立てる必要がある、といったような場合です。

破産手続や特別清算手続という清算型の倒産手続においては、原則として、手続中に事業を継続することはできません。したがって、申立て後もしばらく事業を継続する必要がある場合、民事再生手続を利用することになります。

また、廃業の場合と同様に（第4章3、192頁）、倒産手続においても、申立て後に事業の一部を譲渡して、残った会社について清算する手法があります。このような場合も、申立て後も事業を継続できる民事再生手続が利用されるのが通常です。

▼2　特定調停と私的整理は相当の労力を要する

1　債務免除を要請する債権者数が少ないなら、特定調停もありうる

債務免除を要請する債権者が金融機関等だけで、その頭数も少ないような場合も考えられます。このような場合、特定調停を利用して、裁判所という場で債権者の説得をして、債務免除をしてもらうという方法も考えられます。

もっとも、特定調停は、私的整理と同様、対象債権者と弁済計画について合意に至らないと成立しないため、破産手続に比べれば、債務整理に一定の労力を要することになります。

2　私的整理による清算は多大な労力を要する

資金ショートを起こすときは、取り付け騒ぎを回避するために、資金ショートをおこす日以前に、何らかの法的整理（倒産手続）の申立てをします。倒産手続の場合、裁判所による弁済禁止の保全処分や、法律の規定により、債務の支払が禁止されるため、債権者の

取り付け騒ぎを回避しやすいからです。

これに対して、私的整理の場合だと、取引債務の支払を停止することができず、取り付け騒ぎにより混乱するおそれがあります。

しかし、債権者数が少ない等の事情により、資金ショートを起こしても、取り付け騒ぎの心配が少ない場合も考えられます。

そのような場合は、倒産手続の申立てをせずに、社長自らが弁護士等の協力を得ながら、債権者と話し合いをして、一定の債務免除を求めて、私的整理による会社清算を行うことも考えられます。

ただ、その場合、破産と異なり、会社清算を完了するためには、債務免除の対象となる全ての債権者との間で協議をまとめて、その同意を取り付けなければいけません。したがって、多大な労力が必要となりますので、あまりお勧めできる手法ではありません。

9 個人保証をどのように処理するか

▼1 個人保証を処理するための債務整理手続の種類

会社が倒産した場合、社長やその他の関係者が負担している個人保証を処理する必要が生じます。

個人保証を処理するための債務整理手続としては、①破産手続、②民事再生手続、③特定調停、④私的整理があります。

1 まずは、破産手続による免責決定を得ることを検討する

① 破産手続の有利性

個人について自己破産の申立てをして、併せて免責の申し立てをします。免責決定により、破産手続における配当後の全ての残債務について、免責されることになります。

破産手続の場合、債権者に対する弁済原資は、破産手続開始決定前の原因に基づく資産

に限定されます。破産開始決定後の原因に基づいて将来取得する資産は自分の資産となり、債権者への配当原資にする必要はありません。

また、破産手続は、裁判所から選任された管財人が遂行するので、債務者本人の手続的な負担も比較的軽くてすみます。

このような事情から、個人保証の処理としては、通常は、まず破産手続を利用することを検討します。

② 個人破産の概要

破産手続が開始されると、債務者に属する財産は破産財団を構成して、換価処分され、破産債権者に対する配当原資となります。

もっとも、破産手続が開始されても、一定の範囲の財産は、破産財団に組み込まれず、そのまま保持することができます。これを自由財産といいます。その範囲は、99万円までの現金や、通常の家財道具（冷蔵庫、テレビ、洗濯機等）などです。また、東京地方裁判所の運用では、残高が20万円以下の預貯金や、見込額が20万円以下の生命保険解約返戻金等も自由財産とされます。

スケジュールについては、あまり換価すべき資産がないケースであれば、申立てから半年程度で免責決定が得られます。

もっとも、租税債権や、故意又は重過失で加えた不法行為によって生じた債権、破産者が個人事業者の場合の雇用関係に基づく従業員の労働債権等は、非免責債権となり、免責されません。これらの債権については、破産手続とは別途、支払う必要が生じます。

2 破産手続を回避したいならば、民事再生手続を利用する

個人について、民事再生手続の申立てをして、再生計画で債務の一部カットを定めて、残りの債務について免責を得る方法もあります。

破産手続の場合と異なり、民事再生手続においては、弁済原資として、民事再生手続開始決定の時において所有していた資産相当額に加えて、将来の収入等からプラスアルファの配当をしなければなりません。再建型の法的手続においては、清算型の法的手続の場合を上回る配当率を保障しなければならないからです。

この点が破産手続と比較した場合のデメリットとなります。もっとも、破産はイメージが悪いため、どうしても回避したいという場合や、後述（２９１頁）のとおり、どうして

も自宅を確保したいため、民事再生手続において、再生計画に住宅資金特別条項を規定したい場合等に利用されます。

3　特定調停は一定の労力を要する

債権者が個人保証に基づく者だけである場合、ほぼ全ての債権者は金融機関であり、取引債権者と比べれば、その頭数も少ないです。

したがって、このような場合、特定調停を利用して、裁判所という場で債権者の説得をして、債務免除をしてもらうという方法も考えられます。

もっとも、特定調停は、対象債権者と弁済計画について合意に至らないと成立しないため、破産手続に比べれば、債務整理に一定の労力を要することになります。

4　私的整理は相当の労力を要する

債権者が個人保証に基づく者だけである場合、ほぼ全ての債権者は金融機関であり、わざわざ法的な倒産手続の申立てをしなくても、特段の混乱は生じないのが通常です。

そこで、あえて倒産手続の申立てはせずに、保証債権者との間で個別の話し合いをする私的整理によって、個人保証を処理する手法もあります。後述の経営者保証ガイドラインはこの私的整理の手法の1つとなります。

また、会社が倒産した場合、金融機関はサービサーに債権を譲渡することが多くあります。サービサーは、もともと自らが融資をしたわけではありませんので、元社長個人は無資力だということが確認できれば、相当低い金額の和解金を支払うことにより、個人保証の免除を受けることができるケースも多くあります。

▼2　経営者保証ガイドラインで、連帯保証人の個人資産を残せる

第1章4－5（59頁）に記載の通り、経営者保証ガイドラインが定められ、2014年2月1日から適用が開始されています。

経営者保証ガイドラインにおいては、保証人である経営者が、中小企業等の早期の事業再生、清算等を決断した場合、保証債務について、保証人の資産を全て換価して回収するのではなく、そのうち一定範囲を保証人に残すべきことが定められています。

経営者としては、業績が改善できないまま、ずるずると事業を継続して、会社の資産を

経営者保証に関するガイドラインに基づく「保証債務整理の流れ」

【「保証債務整理の流れ」イメージ】

保証人たる経営者が「早期事業再生」を決断し［STEP1］、企業と保証人の債務を私的整理した結果［STEP2］、「金融機関の回収見込額」は企業と保証人が破産した場合に比べて 500 万円増加する計算（金融機関にとっての経済合理性）となり、「保証人の増加する残存資産」は、その 500 万円の範囲内で検討されることとなった。「一定期間の生計費に相当する現預金（自由財産除く）は、検討の結果 231 万円（33 万円 ×7 カ月）となり、自由財産の 99 万円を加えた 330 万円が「保証人の残存資産」として、弁済計画で金融機関から認定された［STEP3］。

STEP1 ……▶ **STEP2** ……▶ **STEP3**

STEP1
保証人たる経営者は、中小企業等の「早期事業再生」等を決断します。

STEP2
保証人たる経営者が、主たる債務と保証債務の整理を、「一体整理」もしくは「保証債務のみ整理」の手続きで、金融機関に申し出ます。
→保証人は、金融機関に対し、資産状況を誠実に開示し、保証債務弁済後の残存資産の必要性を説明します。

STEP3
金融機関は、一定の「経済合理性」が認められる場合、自由財産の範囲を越えて、保証人の手元に残す残存資産を判断します。
→保証人の残存資産＝自由財産＋増加する残存資産
→その後、「保証債務の弁済計画策定」、「残存する保証債務の免除」がなされます。

保証債務履行のイメージ
※保証人の保有資産が現金１億円の場合

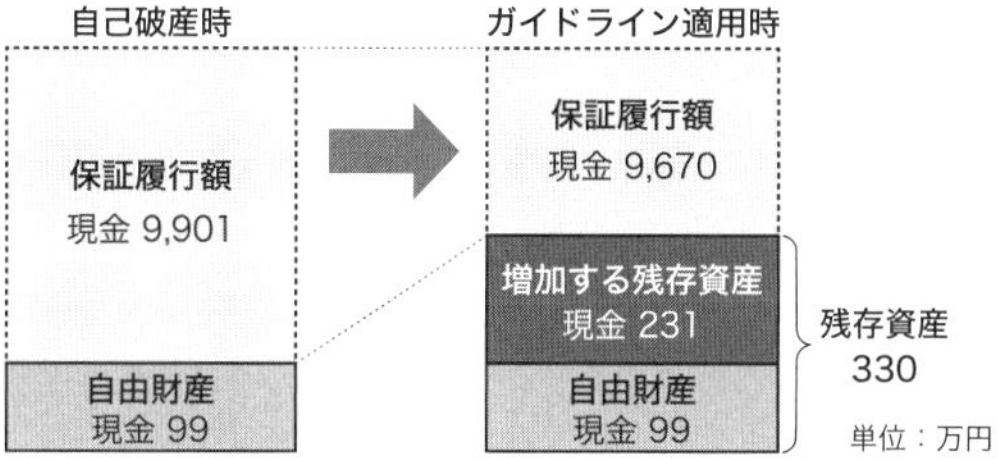

（出所：日本商工会議所作成のパンフレットから抜粋）

食いつぶすのではなく、早期の会社清算を決断すれば、経営者保証ガイドラインにより、より多くの個人資産を残せる可能性がある、ということです。一定の基準を満たせば、社長の自宅を残すことも可能となります。

具体的な流れとしては、以下の通りです。

① 保証人が、主たる債務と保証債務の一体整理、または保証債務のみの整理を、金融機関に申し出ます。

② 保証人は、金融機関に対し、資産状況を誠実に開示し、一定期間の生計費等保証債務弁済後の残存資産の必要性を説明します。

③ 金融機関は、一定の経済合理性が認められる場合、破産手続における自由財産の範囲を越えて、保証人の手元に残す残存資産を判断します。

④ 保証人の残存資産の判断基準は、以下の計算式となります。

保証人の残存資産＝破産手続における自由財産＋増加する残存資産

増加する残存資産≦会社清算等が早期になされたことにより、金融機関の回収が増加した額等

⑤ 保証債務の弁済計画を策定し、残存する保証債務の免除がなされます。

10 自宅を確保するための手段

1 自宅確保の必要性

通常、社長は会社の借入金について個人保証をしており、また多くの場合、自宅を担保に入れています。

会社が債務超過になる前に適切なタイミングで廃業して、個人保証の履行を回避できれば問題ありません。しかし、会社が倒産すると、会社は大幅な債務超過となりますので、個人保証の履行や自宅を売却して借入金の返済に充てることが要求されてしまいます。

しかし、自宅は、会社清算後の人生の再スタートに向けた、自分と家族の生活の拠点です。何とか、自宅を確保したいものですが、そのためにはどのような手法があるでしょうか。

2 自宅確保の手法

1 親族による買い取り

一番望ましいのは、自宅を家族、親族にいったん買い取ってもらい、その後、自らで買い戻す手法です。

金融機関としても、社長とその家族の生活拠点である自宅について、無理矢理競売にかけることはできれば避けたいと思っています。また、競売になれば、物件の属性にもよりますが、一般的には落札価格は時価よりも大きく下落し（時価の70％程度と言われます）、金融機関の回収額も減ってしまいます。

そこで、金融機関に対して、時価の70％程度の金額で、家族、親族により自宅を買い取りたい旨を申し入れれば、十分、買い取り成立の見込みはあります。

なお、住宅の場合、立地等が良ければ市場性がありますので、競売によっても予想落札価格が時価と大きく変わらない物件もあります。そのような場合は、金融機関との間で、価格交渉で難航する可能性もあります。

2　民事再生手続による住宅資金特別条項の活用

家族、親族に資力がない等の事情で、自宅の買い取りが難しいときもあります。そのような場合に、自宅を残せる手段が、民事再生手続による住宅資金特別条項の活用です。これは、破産手続にはない制度です。

手続としては、社長が個人で民事再生手続の申立てをします。そして、その手続中で、再生計画において、住宅ローンについては元利金の減免を受けずに全額支払うことを前提とした、住宅資金特別条項を定めます。なお、原則として元利金の減免は受けられませんが、一定の範囲で期限の猶予を受けることは認められます。

そして、この再生計画が可決認可されれば、住宅資金特別条項に定められた弁済条件で住宅ローンを完済することにより、自宅を残すことができます。

事例で学ぶ
終活の法則
4

やむなく破産になっても、まだやれることはある

「来週の金曜日が手形の決済日なのですが、決済する資金が全くありません。何か手だてはないでしょうか」

関西地区の中堅都市のK市に工場を持つ、株式会社PSエンジニアリングの増田肇社長が、緊張した面持ちで内藤敏丈弁護士の事務所に相談に訪れた。

対応にあたった内藤弁護士は、半年前にも似たような相談を受けていた。経営者が、無理な自転車操業を続けた結果、資金が枯渇してしまい、民事再生すらできず、破産の申立てに至ったケースである。民事再生により、過去の債務の支払いを停止することはできるが、今後の取引については現金払いとなってしまうことが多く、その資金が確保できていなければ民事再生すらできないことになる。

設立25年目のPSエンジニアリングは、もともと樹脂部品の加飾メーカーとしてスタートした。社員数は15名。数多くの顧客を持ち、最近は携帯電話の筐体などの表面処理で利益を挙げていたが、5、6年前から仕事が中国に流れるようになり、経営が厳しくなった。本当は、事業を縮小して再生するという選択肢はあったのだろう。しかし、無理をしてそのままの規模で事業を継続した結果、赤字を計上し続け、資金がほとんどない状況にまで陥ってしまっていた。

「来週金曜日に手形決済ができないのであれば、取り付け騒ぎを避けるために、何らかの法的手続を取る必要があります。

ただ、民事再生をするには、当面の運転資金が必要です。資金がほとんどない、という状況だとすると、もはや破産の申立てをするしかないことになります。もう半年前にご相談に来ていただいていれば、私的整理による事業再生や民事再生など、打つ手は他にもあったと思うのですが……」と内藤弁護士は話した。

話を聞いた増田社長は、ここ数年、目先の資金繰りに追われてばかりで、今後の手だてについてまで全く頭が及んでいなかったことを思い返し、もっと早く相談していればと後悔した。しかし、増田社長には後悔している時間などなかった。来週の金曜日には、手形が決済できず、資金がショートするのである。

「内藤先生、今となっては打つ手が破産しかないのであれば、破産の申立てをお願いします」

内藤弁護士は、増田社長に破産申立てに必要な資料を取りそろえるように指示し、また会社の状況をヒアリングして、破産申立ての準備を開始した。

増田社長は今年で60歳。話しぶりは明瞭で、しっかりしている。会社の状況をヒアリングしたところ、大口顧客で元請のA社がPSエンジニアリングの技術力を高く評価しており、同社との取引では、十分な利益も出ていることが分かった。

金融機関に対する負債は、信用組合、日本政策金融公庫に加え信用金庫2行に対し合計約1億2000万円。会社所有の資産である工場、加えて個人所有の自宅に各金融機関の根抵当権が設定されていた。

「残念ながら、この状況ではやはり破産は避けられません。

ただ、A社に対して、生産設備や一部の従業員を承継して、少しでも雇用を確保することができるかもしれませんよ。

また、増田社長ご自身についても、会社の債務を保証していますから、個人破産の申立てをして、免責を得るのがよいでしょう。ご自宅が会社の借り入れの担保に入っていますが、今後の生活のことを考えると、何とか残したいところですね。」翌日の増田社長との会議で、内藤弁護士はこう切り出した。

「従業員とは、何十年も一緒に仕事をしてきました。少しでも雇用が確保できるのであれば、是非お願いします。また、自宅も残せるものなら残したいですが、何か方法はあるのでしょうか」と、増田社長は尋ねた。

「A社の社長に事業の一部承継を打診して、受けてもらえるのであれば、破産申立ての前に、A社に事業の一部を譲渡する契約を結びましょう。

ご自宅については、どなたかご親族に買い取ってもらうのが一番よいと思います。金融機関と交渉して、できるだけ安くしてもらいましょう」と内藤弁護士は答えた。

会議の後、早速、増田社長は旧知の仲であるA社の岩波社長に連絡を取り、現状を説明し、生産設備と従業員の一部の引き取りについて打診した。すると、岩波社長は、若干驚きつつ、「増田さんのところは経営が苦しいだろうと思っていましたが、いよいよそこまで来てしまいましたか……。とても残念ですね。ただ、うちはＰＳさんの製品を高く評価しているし、もし承継できるものなら、設備と従業員数人程度なら引き取りますよ」と申し出た。

そこで、内藤弁護士は、急遽、事業の一部譲渡の契約書を作成し、増田社長と岩波社長がこれに調印した。

それから数日経ち、手形の決済日の前日に、内藤弁護士は、PSエンジニアリングと増田社長個人について破産申立てをし、増田社長については免責の申し立ても行った。その後、破産手続が開始し、破産管財人として岩城弁護士が選任された。

内藤弁護士は、岩城弁護士に対して、A社との事業譲渡契約の有用性について説明した。すると、岩城弁護士もそれを理解し、破産管財人の下で無事、事業譲渡契約は履行された。

残った問題は、増田社長の自宅の確保である。調査したところ、自宅の時価は1800万程度であることが判明し、増田社長の実の弟が資金を出して買い取ることになった。そこで、内藤弁護士は、破産管財人の岩城弁護士に対して、自宅を親族が買い取りたいこと、立地が悪いため、競売になれば時価よりも大幅に安くなることを説明した上で、1300万円で買取りたいので、担保権者である金融機関と交渉してほしいと申し込んだ。岩城弁護士は了承し、金融機関と協議した結果、1300万円での自宅買取が決まった。

そして、破産手続は、債権調査、債権者集会と進行し、破産申立ての10カ月後、ＰＳエンジニアリングと増田社長個人の破産手続はいずれも終結して、無事、免責決定もなされた。これにより、会社の清算は終了し、増田社長個人の保証債務等も全て消滅した。

「もっと早くご相談していれば会社を再建できたかもしれないという残念な思いは今でもあります。ただ、あの状況下で雇用も一部確保でき、また自宅も何とか残せて本当にほっとしています。ありがとうございました」増田社長は内藤弁護士にお礼を述べて、弁護士事務所をあとにした。

本書収載の「事例で学ぶ終活の法則①～④」は、
取材を元に構成したものです

◆執筆者略歴

松村正哲（まつむら・ただあき） 編著、1・4・5章執筆担当

弁護士（1997年に森綜合法律事務所（当時）入所、2004年に森・濱田松本法律事務所パートナー就任、現在に至る)。事業再生・倒産、M&A・企業再編や訴訟・紛争案件を中心に、企業法務全般を取り扱う。2008年〜2012年までは、駿河台大学法務研究科非常勤講師（倒産法）を務める。三光汽船株式会社の会社更生事件では、法律家アドバイザーも務めた。著書・論文に『事業再生の迅速化』、『倒産法全書　上巻・下巻』（いずれも共著、商事法務)、『論点体型　会社法4　株式会社IV（定款変更・事業譲渡・解散・清算)、持分会社』（共著、第一法規)、「総特集　条件緩和企業の債権管理・回収」（共著、「ターンアラウンドマネージャー」銀行研修社）など多数。

小宮孝之（こみや・たかゆき） 2章執筆担当

税理士法人髙野総合会計事務所シニアパートナー。公認会計士、税理士。法人の会計税務コンサルティングに精通しているFAS部門に所属。事業再生や税務会計コンサルティング全般のほか、中小企業の経営コンサルティングなど幅広いジャンルのサポートを行っている。

伊藤博昭（いとう・ひろあき） 2章執筆担当

税理士法人髙野総合会計事務所シニアマネージャー。税理士。個人税務に精通している個人資産部門に所属。数多くの相続税申告業務のほか、相続発生前の節税対策、財産承継対策、事業承継対策など幅広い個人税務のサポートを行っている。

佐々木孝成（ささき・こうせい） 2章執筆担当

税理士法人髙野総合会計事務所シニア。税理士。個人税務に精通している個人資産部門に所属。組織再編や農地を使った事業承継を中心に節税対策を行っているほか、数多くの相続税申告や法人税申告にも携わる。

梶原章弘（かじはら・あきひろ） 2章執筆担当

税理士法人髙野総合会計事務所シニア。税理士。個人税務に精通している個人資産部門に所属。数多くの相続税申告や法人税申告にも携わり、相続対策や節税対策など円滑な事業の承継に関するサポートを行っている。

荒井邦彦（あらい・くにひこ） 3章執筆担当

株式会社ストライク代表取締役。公認会計士・税理士。1999年にM&A仲介・助言専門会社、株式会社ストライクを設立し、代表取締役に就任。インターネット上に日本初のM&A市場「SMART」を創設し、数多くの中小企業のM&Aを仲介するほか、企業評価やデューディリジェンスに携わる。

よくわかる中小企業の継ぎ方、売り方、たたみ方

2015年1月20日　第1刷発行

著　者――――松村正哲（編者）　髙野総合会計事務所　荒井邦彦
発行者――――布施知章
発行所――――株式会社ウェッジ
〒101-0052　東京都千代田区神田小川町一丁目3番地1
NBF小川町ビルディング 3階
電話 03-5280-0528　　FAX03-5217-2661
http://www.wedge.co.jp/　　振替 00160-2-410636

編集協力――――加賀谷貢樹
ブックデザイン――折原カズヒロ
カバーイラスト――タカセマサヒロ
DTP組版――――株式会社リリーフ・システムズ
印刷・製本所――図書印刷株式会社

※定価はカバーに表示してあります。　ISBN978-4-86310-139-5　C0034